人生大学讲堂书系

人生大学名人讲堂

特蕾莎修女
在爱中永生的灿烂人生

ZAI AI ZHONG YONGSHENG DE
CANLAN RENSHENG

主　编：拾　月
副主编：王洪锋　卢丽艳
编　委：张　帅　车　坤　丁　辉
　　　　李　丹　贾宇墨

吉林出版集团股份有限公司
全国百佳图书出版单位

图书在版编目（CIP）数据

特蕾莎修女：在爱中永生的灿烂人生 / 拾月主编. -- 长春：吉林出版集团股份有限公司，2016.2（2022.4重印）

（人生大学讲堂书系）

ISBN 978-7-5581-0757-3

Ⅰ.①特… Ⅱ.①拾… Ⅲ.①特蕾莎，M.（1910～1997）-生平事迹-青少年读物 Ⅳ.①B979.935.1-49

中国版本图书馆CIP数据核字（2016）第041403号

TELEISHAXIUNU ZAI AI ZHONG YONGSHENG DE CANLAN RENSHENG

特蕾莎修女·在爱中永生的灿烂人生

主　　编	拾　月
副 主 编	王洪锋　卢丽艳
责任编辑	杨亚仙
装帧设计	刘美丽

出　　版	吉林出版集团股份有限公司
发　　行	吉林出版集团社科图书有限公司
地　　址	吉林省长春市南关区福祉大路5788号　邮编：130118
印　　刷	鸿鹄（唐山）印务有限公司
电　　话	0431-81629712（总编办）　0431-81629729（营销中心）
抖 音 号	吉林出版集团社科图书有限公司　37009026326

开　　本	710 mm×1000 mm　1 / 16
印　　张	12
字　　数	200千字
版　　次	2016年3月第1版
印　　次	2022年4月第2次印刷

| 书　　号 | ISBN 978-7-5581-0757-3 |
| 定　　价 | 36.00元 |

如有印装质量问题，请与市场营销中心联系调换。0431-81629729

"人生大学讲堂书系" 总前言

昙花一现，把耀眼的美只定格在了一瞬间，无数的努力、无数的付出只为这一个宁静的夜晚；蚕蛹在无数个黑夜中默默地等待，只为了有朝一日破茧成蝶，完成生命的飞跃。人生也一样，短暂却也耀眼。

每一个生命的诞生，都如摊开一张崭新的图画。岁月的年轮在四季的脚步中增长，生命在一呼一吸间得到升华。随着时间的推移，我们渐渐成长，对人生有了更深刻的认识：人的一生原来一直都在不停地学习。学习说话、学习走路、学习知识、学习为人处世……"活到老，学到老"远不是说说那么简单。

有梦就去追，永远不会觉得累。——假若你是一棵小草，即使没有花儿的艳丽，大树的强壮，但是你却可以为大地穿上美丽的外衣。假若你是一条无名的小溪，即使没有大海的浩瀚，大江的奔腾，但是你可以汇成浩浩荡荡的江河。人生也是如此，即使你是一个不出众的人，但只要你不断学习，坚持不懈，就一定会有流光溢彩之日。邓小平曾经说过："我没有上过大学，但我一向认为，从我出生那天起，就在上着人生这所大学。它没有毕业的一天，直到去见上帝。"

人生在世，需要目标、追求与奋斗；需要尝尽苦辣酸甜；需要在失败后汲取经验。俗话说，"不经历风雨，怎能见彩虹"，人生注定要九转曲折，没有谁的一生是一帆风顺的。生命中每一个挫折的降临，都是命运驱使你重新开始的机会，让你有朝一日苦尽甘来。每个人都曾遭受过打击与嘲讽，但人生都会有收获时节，你最终还是会奏响生命的乐章，唱出自己最美妙的歌！

正所谓，"失败是成功之母"。在漫长的成长路途中，我们都会经历无数次磨炼。但是，我们不能气馁，不能向失败认输。那样的话，就等于抛弃了自己。我们应该一往无前，怀着必胜的信念，迎接成功那一刻的辉煌……

感悟人生，我们应该懂得面对，这样人生才不会失去勇气……

感悟人生，我们应该知道乐观，这样生活才不会失去希望……

感悟人生，我们应该学会智慧，这样在社会上才不会迷失……

本套"人生大学讲堂书系"分别从"人生大学活法讲堂""人生大学名人讲堂""人生大学榜样讲堂""人生大学知识讲堂"四个方面，以人生的真知灼见去诠释人生大学这个主题的寓意和内涵，让每个人都能够读完"人生的大学"，成为一名"人生大学"的优等生，使每个人都能够创造出生命中的辉煌，让人生之花耀眼绚丽地绽放！

作为新时代的青年人，终究要登上人生大学的顶峰，打造自己的一片蓝天，像雄鹰一样展翅翱翔！

"人生大学名人讲堂"丛书前言

　　名人是一面镜子。名人成功背后的经验是我们成长路上宝贵的精神财富，名人的失败教训会让我们在人生奋斗的历程中多几分冷静，少走几段弯路。古往今来成大器者，都十分重视吸取名人的经验教训。牛顿说："我之所以成功，是因为我站在了巨人的肩上。"现代社会竞争激烈，每个想在成长途中少走弯路、多几分成功机率的人，都没有理由不去关注名人。我们不应忘记，那些站在世界历史殿堂里发出宏音、在人类文明进程中留下足迹的英杰伟人。他们以身作则，鞠躬尽瘁，奉献自己的光和热，为人类文明的进步起到了不可忽视的作用。

　　"人生大学名人讲堂"丛书选择世界上最具代表性的10位各领域的名人，以传记故事为载体，通过生动有趣的故事，全方位地讲述其成长历程、主要成就和性格身份特征，真实地还原了一个时代伟人。本丛书用生动、富于文采的语言描述了各领域名人的生平轶事、成功轨迹，行文流畅，文笔优美，引人入胜。丛书内容翔实，不仅生动地记载了每位名人的生平经历，而且客观地总结了他们的成功经验和失败教训，文字通俗易懂，融知识性、趣味性于一体，足以为今人提供借鉴，帮助大家做一个有所作为、有益于社会的人。

此套丛书不同于名人传记大量罗列人物所取得成就的做法，避免行文苍白、单调的缺点，无论是《乔布斯·用思想改变世界的传奇人生》《爱迪生·光明使者的精彩人生》《特蕾莎修女·在爱中永生的灿烂人生》《爱因斯坦·科学巨人的人生启示》《贝多芬·同命运抗争的坎坷人生》，还是《卡耐基·洞悉人性的人生导师》《巴菲特·天才投资家的人生感悟》《松下幸之助·经营之神的人生智慧》《原一平·推销之神的人生真谛》《比尔·盖茨·世界首富的慷慨人生》，我们都能全方位地以一个常人的角度来解读人物的一生，客观地评价人物性格，看待人物的喜怒哀乐、人生起伏，从而在他们身上得到可以在今天的现实生活中实际应用的人生智慧和处世准则，同时也吸取他们身上的教训，在阅读他人人生故事的过程中完善自我人格。

读"人生大学名人讲堂"丛书收获经验和智慧，看世界伟人的传奇故事。名人在未获得巨大的成功之前也只是普通的一员，踏着名人成长奋斗的印迹，能让我们真切地感悟到他们成功的经验！你可以欣赏指点江山、叱咤风云的英雄伟人；探索一生、创造无限的科技精英；文采斐然、妙笔生花的文化巨擘；叩问生命、润泽心灵的思想大哲……你可以学习投资家的高瞻远瞩、博大胸怀；商业家的韬略智谋、机会驾驭；艺术家的激情创造、灵感飞扬；宗教领袖的独特理念、献身精神；科学家的坚持真理、不懈探索……你可以发现，伟大人物的成功之路虽有千条万条，但他们却拥有共同的秘诀：远大的理想和不懈的努力，敏锐的目光和果敢的行动，顽强的意志和坚定的决心……

成功之路，从这里起步。

第1章 "我的天职就是爱"——把爱付诸行动

第2章 "家庭是爱的发源地"——家是每个人的城堡

第 1 章

"我的天职就是爱"——把爱付诸行动

希望特蕾莎修女的故事能够给予青少年一些有益的启示，不为虚名而爱，需要从年少时学起，从眼前的一点一滴做起。或许我们做不到像特蕾莎修女那样把自己的一生都投入到帮助他人、奉献爱的行动中去，但是我们依然能够在追求自己想要的人生的同时，尽自己最大的努力去帮助他人，腾出一只手来为别人做一些有意义的事。

第一节　真正的伟人用爱感动世界

特蕾莎修女用爱感动了世界。实际上，那些改变历史的伟大人物，在他们的心中，也必然有一种对于人类的大爱，这种爱推动着他们做出了气吞山河的大事业。

超凡的爱

说起伟人，我们很容易联想到那些气壮山河、大名鼎鼎的改变历史的大人物。但是，当你这样想的时候，你可能忽视了一类人，那就是把自己的整个人生都投入到爱的传播中的人，特蕾莎修女就是其中之一。她一生所创造的成绩和历史上的那些风云人物相比毫不逊色。尽管表面上看起来她只是一位平凡的女性，一位修道院的修女，但是她一直不声不响地奉献自己，直到生命的最后一刻。她是凡人，却拥有超凡的爱，并用这种超凡的爱感动了整个世界。

1979 年，诺贝尔委员会从包括促成埃以和谈的美国总统卡特在内的 56 位候选人中选出了她，把诺贝尔和平奖这项殊荣授予了这位除了爱身无长物的修女。授奖公报说："她的事业有一个重要的特点：尊重人的个性，尊重人的天赋价值。那些最孤独的人、处境最悲惨的人，在她的手中接受了不含屈尊恩赐意味的同情，接受了建立在对人的尊重之上的同情。这种情操发自她对人的尊重，完全没有居高施舍的姿态。"

而且，据说，她的得奖没有任何人反对，每一位评委都对她心悦诚服，她成了继 1952 年史怀泽博士获得诺贝尔和平奖以来，最没有争议、最令人欣慰的一位得奖者。

整个世界都没有提出异议，是啊，怎么会有人对爱有任何异议呢？特蕾莎修女用爱感动了世界。实际上，那些改变历史的伟大人物，在他们的心中，也必然有一种对于人类的大爱，这种爱推动着他们做出了气吞山河的大事业。在这一点上，他们和特蕾莎修女是相同的。由此我们也可以明白，只有用爱感动世界，才能成为真正的伟人。

爱是全世界最宝贵的财富，是全世界的人民共同渴望的生命之光。心怀大爱，就是滋养生命、成就伟大功业、流芳百世的秘诀。

有了爱，就可以拥有一切

吴家方是绵竹兴隆镇广平村农民，45岁，他22岁那年娶了21岁的石琼华，地震时，他想起妻子到汉旺镇去为手机充值了，就赶到镇上的电信营业处，可是却找不到妻子，他又想到她爱去一家茶楼，等他赶到时，茶楼已成一片废墟。他发现预制板缝里是妻子的衣服，就钻进缝里把妻子抱出来，继而又将妻子捆在自己身上，骑着摩托驮着妻子回家安葬。

他的独特行为吸引了中外记者不断前来采访拍照，他这背亡妻回家的照片的故事于是传遍了世界。当记者们问到他时，他回答说："她活着的时候，我就很惯她，即使她死了，我还是要惯她，她是个爱干净的人，我不想她被压在废墟里，她是我的妻子，我得把她带回家。"他还说，"我把她埋在离家20米的麦地里，能在白天黑夜见到她。"

如此真情朴素的语言简直是灾难激励出的最美语言，这背亡妻归家安葬的行为是真正爱的体现，而不只是爱的诗篇、情的雕塑。全世界被吴家方的爱情感动了。

作家托尔斯泰曾讲过一个很有名的故事：

有一位国王想励精图治。他认为如果能够解决3件事，国家就能够变得富强昌盛。第一，怎样预知最重要的时间。第二，怎样确认最重要的人物。第三，怎样辨明最重要的事务。大臣们纷纷献策说，把时间支配得正确，最好是列表；国家最重要的任务是培养教师或科学家；当务之急是弘扬科学与严明法律。

国王对这些答案都不满意。他去问一个智者，智者正在种地。国王提出这3个问题，恳求智者的忠告，但智者并没有回答他。过了一会儿，这个智者挖土累了，国王就帮他的忙。天快黑时，远处忽然跑来一个受伤的人。国王与智者帮助他，替他包扎好了伤口，抬到智者家里。第二天醒来，这位伤者看了看国王说："我是你的敌人，昨天知道你来访问智者，准备在你回程时截击，可是被你的卫士发现了，他们追捕我。我受了伤逃过来，却正遇到你。感谢你的救助，我不再是你的敌人了，我要做你的朋友。"

过了几天，国王又去见智者，还是恳求他解答那3个问题。智者说："我已经回答你了。"

国王说："你回答了我什么？"智者说："你如果不怜悯我的劳累，因帮我挖地而延误了时间，你昨天回程时，就被他杀死了。你如果不怜恤他的创伤并且为他包扎，他不会这样容易地臣服于你。你所问的最重要的时间是'现在'，只有现在才可以把握；你所说的最重要的人物是你'左右的人'，因为你立刻可以影响他们；而世界上最重要的是'爱'，没有爱，活着还有什么意思？"

个人的成长成功、国家的繁荣昌盛、世界的和平安乐都可以用一个最根本的途径来达成，那就是爱，爱可以分解仇怨、打开心扉、创造奇迹。有了爱，就可以拥有一切。

第二节 以爱待人，旋而得之

或许从小到大，你听了太多关于做人方面的说教，以至于爱、牺牲等字眼儿在你的眼中变得不那么动人了，实际情况却并非如此，爱能带来快乐，如果你愿意付出自己的行动去尝试，你就会发现这是一条能给人带来快乐的道路。

爱是快乐的使者

快乐是一件最有价值的宝藏，人人都想得到它，然而总有一些人难以达成自己的这个心愿。

本来，青少年处在生命中最美好的时候，如果把人生比作一年四季，那么青少年时期就是生命的初春，万物萌发，一切充满生机，但是在现实中，我们的感受却与此截然不同，我们被考试和升学的压力压得喘不过气来，生活已经被学业塞满，不但很难感受到快乐，有时甚至会产生郁闷或悲观的情绪。

这种现象当然和现在的教育制度有关，可我们同时也应该反思一下自己，尽管肩负着很重的学习任务，但是快乐就真的离我们远去了吗？生命中就真的没有能够让我们快乐的事物了吗？

当然不是这样的，我们在繁忙的功课之余，也可以寻找快乐。特蕾莎修女就提出了一个快乐的不二法则，她的原话是这样的："快乐不需探寻，若以爱待人，旋即得之。"

或许从小到大你听了太多关于做人方面的说教，以至于爱、牺牲等字眼儿在你的眼中变得不那么动人了，实际情况却并非如此，爱能带来快乐，如果你愿意付出自己的行动去尝试，你就会发现这是一条能给人

带来快乐的道路。

张红是一个初中二年级的女孩，她有漂亮的外貌、优秀的学习成绩和富裕的家庭，但是她经常感到自己并不快乐，这种不快乐不是单纯的青春期常有的莫名惆怅，而是一种空虚。她总是感到生活中缺少了一种东西，就是这种缺失让她感到生活就像白开水一样平淡无奇，没有真正的快乐。

她经常看到一些快乐的陌生人。于是有一天放学回家的时候，她不知不觉地放慢脚步，她想趁这个机会观察一下别人的快乐，想知道怎样才能得到快乐。一路上，她看到很多开怀大笑或者表情满足的人，但她还是不明白他们快乐的原因。正在这时，天下起雨来，她收起思绪打开了伞匆匆往家里走。走着走着，忽然远处出现一个瘦小的身影，是个小学生，这个学生忘带伞了，他一手抱住书包，一手遮着头急急忙忙地跑来。张红停下脚步，她想：我不能不帮他啊，万一淋了雨得了感冒，多难受；但是回家晚了妈妈会责备我的，怎么办呢？张红犹豫不决，她望了望那个小孩，狠狠心，还是决定先送孩子回家。

张红连忙把小学生叫到伞下避雨，并问清他的住处，两人迈开步子向目的地走去。一路上，张红还故意把伞往孩子那边移，孩子没被雨淋着，她自己的半边身子倒被淋湿了。她把孩子安全地送回家之后，孩子的父母连声道谢，那个孩子也朝她露出了甜甜的微笑，张红一下子感觉心里甜滋滋的，有种说不出的开心。就在这一瞬间，她找到了快乐，原来，快乐的滋味这样美妙！

从此以后，她一直用对待淋雨的小孩子的心态来对待周围所有的人，她也由此得到了越来越多的快乐。虽然，恼人的功课和考试并没能减少一点，但是她觉得自己比以前快乐了，这种内心的充实是以前从来没有体验过的。

其实，快乐就是这样简单。

拿出你的爱，快乐千万人

在特蕾莎修女建立在全国各地的慈善机构和场所中，有很多来自世界各地的义工，他们只进行一段时间的服务。这些义工在为他人服务的过程中付出了自己全身心的爱，也体会到了前所未有的快乐。

义工们在经历了这种难得的体验之后写下了自己的感受。

一个叫戴夫的义工写道："自从我开始在伦敦的安息之家工作以来，我所得到的远远超出我所付出的——我每一天的工作都被喜悦所充满。但这并非笑声满堂，喜悦有其严肃的一面，它可能是清淡的，却带着极其深沉的和平感，就像一对父母面对自己的新生儿一样。"

在儿童之家工作过的琳达写道："帮助加尔各答希舒·巴满的儿童是很特别的经验。他们使我非常感动。有一天早上，我们坐在楼上围成一个圈圈——我们常常这么坐着一起唱歌——我看见一个残障的小男孩，他看着我，眼中洋溢着喜悦和爱，有一种说不出的清朗与沉静。这是我记忆中一次深沉的心灵体验。"

他们所体验到的这种内心的充实就是快乐，就是我们正在寻找的东西。确实，快乐离我们并不遥远，拿出你的爱，友善地关爱和帮助我们身边的人，那么我们所做的事就和特蕾莎修女以及义工们所做的事具有同样的价值。

第三节 爱在奉献的同时也伴随着牺牲

有的时候，爱并不是一件容易的事，因为爱往往要付出代价，要牺牲掉自己的一些东西去帮助别人，成就别人。

爱是需要付出的

有的时候，爱并不是一件容易的事，因为爱往往要付出代价，要牺牲掉自己的一些东西去帮助别人，成就别人。

比如说，当你在大街上遇见一个脏兮兮的乞丐的时候，让你伸出双手去握住他的手，拍拍他的肩，这种动作必定能够让他感受到你的爱，但是你愿意这样做吗？

很多人表示不愿意，因为这需要克服内心的障碍。或许平时你是一个非常爱干净的人，你忍受不了堆积的灰尘或是不清洁的事物，可你又想要给他一点儿安慰，对他表达你的友善，于是，这两种念头在你的内心深处斗争起来，你也不确定爱的信念是否能战胜讨厌肮脏的念头。

其实，这是人们经常会遇到的情况，之所以会出现这种情况，就是因为爱是需要付出代价的，爱总是伴随着某种牺牲而存在的，只是这种牺牲的程度大小不一，无法一概而论。

有这样一则故事：

在澳大利亚的原始丛林中，桉树一代又一代地繁衍生息。人丁兴旺的桉树家族浩浩荡荡，绵延万里。小树簇拥在大树的树荫下，一天天地成长，使得丛林越发茂密，到处充满了生机勃勃的气息。

可是，幸福的时光总是难以持久，宁静祥和的桉树丛林也面临巨大的危机。

在树林的深处，一棵巨大的老桉树正忧愁地思索着。她是整个桉树丛林的王者，也是所有桉树的老祖母。就在不久之前，远方的桉树子孙将口信包裹在风中，向她传递了自己所遭遇的苦难。

"我们的王啊，请拯救您可怜的子民吧！"风语中夹杂着悲苦的叹息声，那是桉树王的孩子们的求助。

"来自欧洲和亚洲的植物已经入侵到了我们的土地。那些杂草和灌木飞速地生长着，抢夺了我们的土壤养料，带来了虫害和疾病，排挤着我们的幼苗，抢走了我们头顶的阳光。初生的桉树宝宝们一个个瘦小憔悴，病快快的，奄奄一息。长此以往，我族必亡！"

一条又一条诸如此类的求助从四面八方传来，听得桉树王既心痛，又着急。自古生活在澳洲大陆上，与世无争的桉树哪会料到这般情景。喜好安逸的桉树在亚洲与欧洲的入侵植物联合军的攻击下节节失利。拥有着更高繁殖效率的杂草和灌木很快就占据了整个桉树林，扎根在了桉树的脚边，猖狂地叫嚣了起来。粗壮的藤蔓缠绕着桉树的身躯，尖锐的荆棘扎破了桉树的皮肤。原本富饶的土地顷刻间便被这帮强盗们瓜分干净。看着这些大大咧咧地霸占着自己家园的入侵者，桉树只能无奈地摇着头叹息着、盼望着他们的王可以想出解决的办法。

桉树王深情地注视着她的孩子们，内心挣扎着，做出了一个悲壮的指令：全体桉树立即在体内存储大量的桉树油！

桉树们惊呆了，树王的这一指示马上引发了轩然大波。这也难怪，所有的树木都害怕火烧，所以大树往往喜欢在体内存储大量的水分，用以防火。而此刻，桉树王居然命令他们存储油脂，这不是引火焚身、自掘坟墓吗？

但是王的命令是不容置疑的，本着对树王的尊重和信任，桉树们默默地遵从着这一命令。

在一个雷雨交加的夜晚，一道闪电落下，劈中了桉树丛林。雷电的火花瞬间点燃了充满油脂的桉树，在桉树油的催化下，森林燃起了熊熊的大火，就算是滂沱的大雨，也无法浇熄这迅速蔓延的火海。

欧洲和亚洲的入侵植物在烈火中哀号着，随着自焚的桉树一起，被焚化为灰烬。大火结束了，曾经的森林也成为布满焦炭的不毛之地。桉树王与她的子民在这场自己引来的天火中回归了土壤，而与此同时，所有的入侵者也在这场大火中被消灭干净了。

第二年春天，这片被火焰所洗礼的荒野之上，竟有嫩绿的幼苗萌发出来。那是桉树！漫山遍野尽是桉树的幼芽。

奇怪了，桉树不是随着大火与入侵植物同归于尽了吗？原来，桉树的种子皮特别厚实，具有一定的防火效果，即使经历了那场大火，也可以在第二年发芽。而那些入侵植物就没有那么幸运了，他们那脆弱的种子当场便在火灾中被烤了个熟透。

在危急时刻，桉树以牺牲自己这一代的生命为代价，彻底地消灭了敌人，把家园和土地传承给了后代。澳洲的大陆，依然是属于桉树的。

为爱付出该付出的东西

特蕾莎修女和与她一起工作的修女们每天都在和一些外表肮脏的病人来往，特蕾莎修女和修女们对每个病人都充满关怀，特地用手一个一个抚摸他们的身体和手，病人们想到以前遭到父母或兄弟姐妹厌恶的情况，经常感动得流下眼泪。

印度有一些麻风病人为了避世，往往隐藏起来。为了找到这些患者，特蕾莎修女走遍荒凉无人的肮脏之地。对于那些找到的不幸患者，修女们安慰他们，为他们注射药剂，包扎伤口。此外，更重要的是给他们以朋友般的鼓励，鼓励他们自立。

特蕾莎修女和一些修女来自比较文明富有的家庭，她们也习惯了洁净，但是在对待需要帮助的人时，她们战胜了见到污秽之物时人们常有的厌恶感。这是因为她们知道，那些外表肮脏的人，他们的内心深处也和自己一样喜爱洁净，如果能够帮助他们清理身体，他们会生活得更加舒适。

就像特蕾莎修女说过的一段话："你给予必定使你有所付出，而你所给予的不只是你可有可无的东西，你也将给予你生命中不可或缺的或是你不想失去的、你非常喜欢的东西。"

所以，如果你说你爱你的妹妹，但是你舍不得用自己的压岁钱为她买她喜欢的自动铅笔；如果你说你爱你的父母，但是你不愿意努力学习来慰藉他们希望子女成龙成凤的心；如果你说你爱你的祖母，但是你不甘愿放弃玩耍的时间陪她聊一些家常。那么，你的爱不是真正的爱，你没有为了这爱付出应该付出的东西，这种爱是浅薄的，与真爱的境界相去甚远。

第四节　爱的过程要比结果重要得多

只要你的心意到了，你尽了自己的所能，就一定能让别人感受到你的爱，这样，爱的使命也就达成了。下面这个美丽的故事也许能够帮助你更清晰地体会到这一点。

成功的爱在于过程

也许你曾经有过这样的经历：在学校倡导为灾区人民或者某位病患捐款的时候，你听了老师或是校长关于灾难或病情的讲述，心中确实产生了怜悯之心，在某一刻，你内心中爱的信念促使你对他们产生了深深的同情，你决定要为他们捐款。于是回到家里，你向父母要了几十元钱，当然，一般情况下，父母是不会反对这种捐赠的。于是你认为自己已经尽到了心意，就把这件事情抛到脑后。

第二天，当你拿出零花钱去买一根两元钱的冰激凌时，你根本就没有想到这两元钱也可以捐赠出去。当老师提醒你的时候，你却不以为然，因为，这两元钱实在太微乎其微了，两元钱难道能帮助灾区人民盖房子吗？能帮助得了不治之症的小女孩康复吗？

这种想法到底有什么不对呢？听了特蕾莎修女的一个故事，也许你能够得到些许的启发。

几天前，我从一个瘫痪20年的人那里收到15美元的捐款，这个人只有右手能动。他唯一的嗜好是抽烟。他对我说："我一星期没有抽烟，我把省下的钱交给你们。"这对他来说一定是极大的牺牲，但是他是在怎样地分享自己的爱啊，这是多么壮丽啊！我用他的钱买了面包，送给那些饥饿的人，双方——作为给予者的他和接受者的穷人——都很快乐。

虽然我们和故事里的人的境况迥然不同，但是我们面临的问题却是相同的。或许这位瘫痪的病人在其他方面并没有可取之处，但是他的这"微不足道"的15美元却在我们的心里留下了高大的身影。一个人无论他拥有多少东西，他能够尽自己的所能去爱别人，帮助别人，这份心意就是非常珍贵的。

现在想一想，自己的1元钱也许微不足道，但是如果很多人都捐出自己的1元钱，有困难的人就会很轻易地解决自己的问题。而且，你的1元钱会让被帮助的人心里感到温暖，感到安慰，这也是最重要的。

特蕾莎修女曾经说过："成功的爱不在于爱的结果，而在于爱的过程。"

其实只要你的心意到了，你尽了自己的所能，就一定能让别人感受到你的爱，这样，爱的使命也就达成了。下面这个美丽的故事也许能够帮助你更清晰地体会到这一点。

从前，有一位女孩，名叫珍妮。她有一个年纪很大的奶奶，头发都白了，脸上也布满了皱纹。珍妮的父亲在山上有一栋大房子。

每天，太阳都从南边的窗户里射进来。房子里的每件东西都亮亮的，漂亮极了。

奶奶住在北边的屋子里。太阳从来照不进她的屋子。

一天，珍妮对她的父亲说："为什么太阳照不进奶奶的屋子呢？我想，她也是喜欢阳光的。"

"太阳公公的头探不进北边的窗户。"她父亲说。

"那么，我们把房子转个个吧，爸爸。"

"房子太大了，不好转。"她爸爸说。

"那奶奶就照不到一点儿阳光了吗？"珍妮问。

"当然了，我的孩子，除非你给她带一点进去。"

从那以后，珍妮就想啊想啊，想着如何能带一点阳光给奶奶。

当她在田野里玩耍的时候，她看到小草和花儿都向她点头，鸟儿一边从这棵树跳到那棵树，一边唱着甜美的歌儿。

世间万物好像都在说："我们热爱阳光。我们热爱明亮、温暖的阳光。"

"奶奶肯定也喜欢的，"孩子想，"我一定要带一点儿给她。"

一天早晨，她在花园里玩时，看到了太阳温暖的光线照到了她金色的头发上。然后，她低下头，看到衣摆上也有阳光。

"我要用衣服把阳光包住，"她想，"然后把它们带进奶奶的房子。"于是，她跳了起来，跑进了奶奶的屋子。

"看！奶奶，看！我给你带来了一些阳光！"她叫着。然后，她打开了她的衣服，可是看不到一丝阳光。

"孩子，阳光从你的双眼里照出来了，"奶奶说，"它们在你金色的头发里闪耀。有你在我身边，我不需要阳光了。"

珍妮不懂为什么她的眼睛里可以照出阳光，但她很愿意让奶奶高兴。

每天早上，她都在花园里玩耍。随后，她跑进奶奶的房子里，用她的眼睛和头发给奶奶带去阳光。

表达爱就像馈赠其他礼物一样，重要的是内心的意愿。当你为别人献出一片善意时，人们会感觉到心灵有阳光在普照。所以，从今天开始，让我们多给他人带去阳光吧！

用心付出你的爱

一部电视剧播放了这样一个发生在欧洲革命时期的爱情故事：

男人是位革命者，他爱上了一个女人。男人自然不能告诉她，自己是一个革命者，随时有牺牲的可能。

男人爱得很执着、很深刻，甚至一度想和她在一起，但男人用理智克制了自己的种种冲动，他不断地告诉自己，现在只能把感情这样维持下去，直到胜利那一天——男人最后的终点就是拥有女人，和女人建立一个家。

女人也很爱男人，她觉得这个男人异于常人，但她并不知道他就是当局到处捕捉的革命党人，她享受着男人的爱，她希望男人有一天能娶她。

但灾难很快降临了，男人遭叛徒告密，住址被发现了。他刚刚销毁了重要的文件和信件就被抓走了，他在狱中痛苦不堪，他以为是女人告发了他，因为他的住址只有她经常来。

男人被战友营救出来，到了解放区，不久便结了婚，后来成了一名军官。对于过去的日子，他一直在诅咒这个用心险恶的女人。

男人没有想到的是，女人也被捕了，在她用钥匙打开小屋的门的时候，她被"守株待兔"的警察抓获了。他们当然没能从她口中得到任何有价值的信息，1年后，只好把她放了。

女人出来后，到处寻找男人。无端遭受了一年苦难的牢狱生活，她想找男人问个明白，但是她并不恨男人，她仍然很爱他，她记得他的誓言。她坚信他还活着，她守护着自己的信念不肯嫁人，最后她老了。

多年后，男人和女人终于相见了。男的已成为祖父，而女的仍是一个人，再次相遇，两人热泪盈眶。

男人问："这些年你过得怎么样？"女人说："我是想着当年你对我的好而活到现在的。"听了此话，男人老泪纵横。

看来，人对爱情的态度是完全不同的，有的人只是想得到一个结果，一旦得不到，结果破灭了，他便绝望了。有些人则不同，他们会更多地注重爱的过程，只要记得他的好，一份短暂深刻的感情竟然可以陪他们度过漫长的岁月。造成这场爱情悲剧的无非是想着"结果"的人忘记了"过程"。

第五节　虚伪的爱如同作弊

特蕾莎修女是一位伟人，同时也是在世界范围内声名卓著的名人，但是她并非为了这"伟大"的名声而爱，她的爱发自内心，不被外界任何事物或人物所影响，是绝对自由的、不折不扣的。

不要作弊的爱

现代社会，我们经常能够通过媒体了解到企业家、商人、政客、明星们支持慈善事业的行动，人们对此的反应不一，有的人被他们的善举感动，更加支持他们，有的人认为这些人只是为了提高自己的知名度和公众形象而"作秀"。

其实，人们有这种想法是正常的，不同的公众人物所进行的慈善行动一定有不同的原因，我们需要区别来看待。对于那些真正想要帮助他人、奉献自己的爱心的人，我们当然会从心底里生出一种崇敬之情，而那些为了自己的名声而进行慈善活动的人，就要引起我们的警惕了。实际上，在我们的内心深处都明白，这种为了虚名而爱的行为不是真正的爱，它可能在客观上造成帮助他人的结果，但是这种爱的动机是不纯正的、虚假的。

这种爱就像考试作弊一样，虽然有可能侥幸取得好的成绩，但是，它不会给自我带来任何真正意义的进步，为虚名而爱，是作弊的爱。

特蕾莎修女是一位伟人，同时也是在世界范围内声名卓著的名人，但是她并非为了这"伟大"的名声而爱，她的爱发自内心，不被外界任何事物或人物所影响，是绝对自由的、不折不扣的。

当特蕾莎修女那瘦小的身躯活跃在肮脏拥挤的街道、臭气熏天的下水沟等异常恶劣的环境里时，当她把衣衫褴褛、面黄肌瘦、疾病缠身、无家可归的儿童抱回家时，没有人关注她的"丰功伟绩"。她也没有像很多公众人物那样整天忙着应邀参加各种电视访谈，她的身边也不会有闪光灯闪烁，她的爱不计代价，不问得失，不求彰显。

尽管后来世界赋予了她各种各样的荣誉，但是她对他人，尤其是穷人的爱，并没有因此而减少一分一毫。她并不热衷于各种奖项，换句话说，即使她不曾在 1979 年获得诺贝尔和平奖，即使众多的总统、国王、传媒巨子和银行大亨不曾向她频频致敬，即使她的照片不曾上过美国《时代周刊》的封面，即使她病逝后未被册封为"圣德兰修女"，她对于穷人、病人、可怜人的爱也不会减损一分一毫。

真正的爱应当如此，不仅是爱，世界上的万事万物都是如此，有名无实的东西永远没有价值，得不到人们的尊重。

不为虚名而爱

2007 年，据墨西哥财经杂志《常识》披露，世界第二富豪、墨西哥电信大亨卡洛斯·斯利姆·埃卢的财富已经猛增至 678 亿美元，一举超越了拥有 592 亿美元身家的微软创始人——此前已经连续 13 年蝉联世界首富宝座的比尔·盖茨，成了新的"世界首富"，这条消息立即引起了全球关注。

虽然这则报道并没有得到全球富豪榜权威评定机构美国《福布斯》杂志的证实，但至少，埃卢的财富已经达到了惊人的数额，只是第一或者第二的地位未定而已。

也许有很多人期待着《福布斯》杂志对于此问题的评估和认定，但是埃卢本人对于排名却并不十分关心。

埃卢的发言人阿图罗·埃利亚斯·阿尤布告诉美联社记者说："他（埃卢）说过很多次，他并不和任何人竞争。"阿尤布说，"他只是专心做慈善工作，努力在拉美创造更多的就业机会，而不是想和任何人争做第 1 名、第 10 名或者第 16 名。"

实际上，他也是这样做的。墨西哥城中心原本道路狭窄弯曲，在埃卢的资助下，现在已经被改造成为旅游景点和艺术家的天堂。此外，埃卢还向贫困儿童免费捐赠 9.5 万辆自行车、7 万副眼镜，并为 15 万名大学生提供奖学金。他还为贫穷病人支付手术费，并将建立 3 家慈善机构。

这位名人的事例更进一步印证了爱的哲理，即爱不是为了虚名，尽管有的时候心中拥有大爱的人会得到更多人的认同，在事实上造成"出名"的效果。这也形成了一个有趣的悖论：有很多挖空心思想出名，不惜重金"炒作"自己的人，其人品常常受到公众的质疑，而那些不贪图名利、默默地做自己该做的事的人，更容易获得他人的认可，成为真正的名人，就像特蕾莎修女和富豪埃卢。

青少年生活在校园中，可能遇不到为了"名利"等去爱或帮助他人的情况，但是有时也会面对相同的情境。比如你有时会见到一些同学做好事只不过是为了得到老师或者学校的表扬，或是仅限在公众场合和人多的时候才愿意帮助他人，或者他们对灾区人民进行捐助只是为了让自己更容易被评上"优秀学生"。这类行为就是为了赞美和虚名而爱，就是对爱的作弊。也许你认为这只是些小事，没有什么不好，但这些"为虚名而爱"的思想一旦根深蒂固，就会在人的头脑中生根发芽，等到将来走向社会，这些同学也许就会变成一个热衷于沽名钓誉、不脚踏实地的人，很难想象，这样的人怎会取得较高的成就或者赢得他人的尊重。

所以，希望特蕾莎修女的故事能够在这方面给予青少年一些有益的启示，不为虚名而爱，需要从年少时做起，从眼前的一点一滴做起。

第六节　爱和金钱是矛盾的对立统一

爱必须是面对面的给予和服务，是亲手去抚慰这一个和照料这一个，而不仅仅是一张支票——一张冰冷的没有体温的支票。

爱是金钱不能代替的

关于金钱和爱，很多人内心可能存在误解，有些人认为，有钱人大多麻木不仁，贫苦的人却可能很有爱心；也有些人认为，金钱是爱的必要条件，因为没有钱，就很难对他人进行实质性的帮助。这些想法在现代人中比较典型，但它们都有一定的片面性和局限性。对于这个问题，特蕾莎修女的理解十分深刻。

她曾说："爱必须是面对面的给予和服务，是亲手去抚慰这一个和照料这一个，而不仅仅是一张支票——一张冰冷的没有体温的支票。"

她认为，只是给需要帮助的人一些钱，这不是真正的爱。金钱无法代替爱，这是金钱与爱相矛盾的一个方面。

真正的爱是发自内心的，它不需要形式上的约束，当人们将爱与金钱等同时，爱就变了味道。

一个晴朗的夏日午后，汤姆正从学校向家走去。他一边慢慢地向前走，一边认真地看着手里的书。

今天，他用自己全部的积蓄买了这本渴望已久的书。因此，他感到十分快乐。

不一会儿，汤姆便走上了公路。公路边上的一个盲人向汤姆请求："给我一些钱让我填填肚子吧。"但是汤姆一文钱也没给他。

为什么？汤姆居然不给这个可怜人一点儿东西？没错，他已花光了所有的积蓄。

汤姆因此感到十分难过，不再有心情看书，他慢慢地踱步。很快，他便看见一辆豪华的马车飞驰过来，上面坐着哈里和他的母亲。

盲人仍然站在路边，向来往的行人举着帽子。

"我们给他一点儿钱吧！"哈里请求母亲。

于是他的母亲取出几分钱，交给了哈里。可哈里并没有把钱递进盲人的帽子。

哈里使出吃奶的劲儿，把钱扔进了路边的树丛中。那个可怜人找不到这些钱，因为他什么也看不见。

汤姆转身羡慕地看着这辆马车，也看见了哈里扔钱的一幕。他正因为不能帮助这个穷人而难过呢，于是赶忙跑过去，帮盲人一分一分地把钱全部找到。

这耽搁了汤姆很长时间，使他几乎错过了晚饭。

你觉得这两个男孩谁的表现才是真正的爱呢？

当然是汤姆，哈里付出的只是金钱，没有对穷人进行实质性的帮助，也没有给予他一丝温情，这种"爱的表示"是没有意义的。这正证明了

爱最不可代替的，尤其是不可被金钱代替。

特蕾莎修女在英格兰期间产生了一个想法：在英格兰建一座见习修道院再合适不过了。但是在什么地方建、怎么建呢？通过长时间的寻找，她发现了一个合适的地方，但是房主的最低开价也要9000英镑。她哪来这么多钱？特蕾莎修女果断地告诉那位惊讶的房主，她愿意出价6000英镑。特蕾莎修女有一个坚定的信念，如果有一个适合修女们住的地方，那么圣母一定会帮忙的，于是她从口袋里掏出两枚圣母像章埋到那里。

几天过去了，在此期间，那位房主改变了主意。他推断，假如他把房子卖给仁爱传教会，虽然价格不高，但是他的房子将充满天主的爱。这个想法让他体会到一种金钱无法买到的释然，于是他告诉特蕾莎修女，他愿意以她出的价格将房子卖给她。但是接着问题又来了：这6000英镑从哪里来？特蕾莎修女不能从印度筹集这么多钱，那么她又怎样从英格兰筹集这么多钱呢？她向圣母祈祷，同时，特蕾莎修女又到英格兰各地周游了几天。她把她打算在英格兰建一座修道院的想法告诉了她所见到的每一个人，并告诉他们她需要资助。旅行结束时，特蕾莎修女数了数她筹集到的钱：5995英镑！

特蕾莎修女一生坚持这一观点，但这并不代表她蔑视金钱。相反，她重视手里的每一分钱，但并不是为她自己。对于特蕾莎修女来说，每一分钱都很宝贵。因为她深深地了解到，只有有了钱，她才能真正实际地帮助、爱护穷人。如果没有钱，帮助穷人就会很容易变成一句空话。在这个问题上，她不同于一些伪善或自命不凡的人，假装清高脱俗，视金钱为粪土。她以感激的心接受每一分钱，然后慷慨地施与穷人，自己则分文不取。

合理地用金钱提升自己的精神境界

1964 年，罗马教皇为表彰特蕾莎修女的仁爱精神，特意把一辆白色林肯轿车赠给了她。特蕾莎修女没有把它视为个人财产，而是转赠给穷人，作为抽彩义卖的奖品，用所得的款项在加尔各答建造了一所麻风病康复中心——"和平村"。

1979 年，获得诺贝尔奖奖金之后，特蕾莎修女把自己的全部奖金捐出，用于建造医院，她还说服诺贝尔委员会取消授奖宴会，把节省下来的 7100 美元赠予仁爱修会，作为为穷人服务的基金。

对于青少年来说，树立正确的金钱观是很重要的。但是，你真的知道该如何看待金钱吗？金钱既不是"阿堵物""万恶之源"，更不是"无所不能的巨手"，金钱本身只是一个工具，谈不上好与坏、对与错。问题的关键在于你自己对待金钱的态度，假如有人将金钱当成了人生的目标，那就是舍本逐末了，他一生都难以摆脱金钱的枷锁。

只要我们用正当的手段和方法去获得钱财，然后把钱财用在合适的地方，那么拥有金钱就是一件好事。如果你能用自己的金钱去做善事，为处在困难中的人尽一份绵薄之力，这个时候，金钱就成了践行爱的工具，从这个角度来说，金钱和爱也有互相统一的一个方面。

所以，一个聪明的、正直善良的人通常愿意通过自己的智慧获得金钱，同时以积极向上的态度进行消费，或者用于自身生活品质的提高，或者用来孝敬父母，或者用来帮助穷人和灾难中的人。他们能够用金钱提升自己的精神境界，创造更高的社会价值，这种做法永远是值得提倡的。

第七节　穿得和穷人一样是种体贴

服务于穷人就和穷人穿的一样，这样才能更好地体会到穷人的心理和需要，这种为爱而做出的巨大牺牲让世人无不动容，也为青少年提供了好的榜样。

用真心给予他人爱

爱有很多误区，比如为虚名爱、为赞美爱、不肯牺牲的爱、执着于结果的爱、只靠金钱去爱，等等，那么正确的爱是什么样呢？爱最重要的内涵是什么呢？

读了关于特蕾莎修女的一则小故事，相信你会有所领悟，同时这个故事也将给我们的心灵带来感动和震撼。

有一天晚上，特蕾莎修女和几位修女一同外出，并从街上带回来4个人，其中1个人的情况非常糟糕。特蕾莎修女对修女们说："你们去照顾那3个，我来照料这个濒危的人。"修女为这位濒危的人做了她所能做的一切。她把这个人扶到床上躺下，然后，这个人的脸上露出了美丽的微笑。她握住特蕾莎修女的手，只说了一句话："谢谢你。"然后就死了。

在特蕾莎修女的一生中，这样的故事可能发生过无数次，让我们感动的是她接下来所说的话，那就是："我禁不住在她面前反省自己的良心，我问自己：'如果我处在她的位置，我会说什么呢？'我的回答很简单，我会努力引起别人对我的一点关注，我会说：我很饿，我要死了，我很冷，我很痛，等等。但是，她给我的要多得多，她将满怀感激的爱给了我。她带着微笑死去了。"

特蕾莎修女帮助了这个人，可是她却对这个人充满了感激，因为她觉得这个人给了她爱。特蕾莎修女的反省是纯粹而真诚的，从中也表现出她的行事风格。她总是为他人着想，遇到问题的时候，她总是站在对方的立场上，考虑假如她是眼前的这个人，她会怎么做。这就是爱最本质的表现。

人不全是自私的，但是普通的人很难放弃自己的立场，全心全意地为他人服务。特蕾莎修女做到了这一点，她用自己的行动向我们展示了爱的真谛。

特蕾莎修女原本是欧洲人，后来才到印度为穷人服务。自从踏上印度的国土，她就不再穿鞋。有人问特蕾莎为什么不穿鞋，她说："我所服务的印度民众都太穷太苦，他们没有鞋穿，如果我穿上鞋，那我与他们的距离不就差得太远了吗？我为他们服务，我不愿与他们有距离，我不可以穿鞋！"

服务于穷人就和穷人穿的一样，这样才能更好地体会到穷人的心理和需要，这种为爱而做出的巨大牺牲让世人无不动容，也为青少年提供了好的榜样。也许我们无法将爱践行得这样彻底，但是这种"为他人着想""爱就要对他人的痛苦感同身受"的观念却值得我们学习。

1842 年，在英国的一个边陲小镇，突然一声枪响打破了夜晚的宁静。刚来警察局报到的年轻人听到枪响，就立刻爬起来，跟随犹太警长匆匆向出事地点赶去。

一位青年人被发现倒在卧室的地板上，身下一片血迹，右手已无力地松开，手枪落在身旁的地上，身边的遗书字迹潦草。他内心中意的女子，就在前一天和另外一个男子走进了教堂。

屋外挤满了围观的人群，死者的 6 位亲属都呆呆地站在一旁。年轻的警察忍不住向他们投去同情的目光，他知道，他们的悲伤和绝望，不仅是因为亲人的逝去，还因为他们是犹太教徒。对于犹太教徒来说，自杀就是在上帝面前犯了罪，他的灵魂将在地狱里饱受烈焰焚烧。而风气保守的小镇居民会视他们全家为异教徒，从此不会有好人家的男孩子约会他们家的女孩子，也不会有良家女子肯接受这个家族的男子的戒指和玫瑰。

这时一直沉默着、紧锁双眉的警长突然开了口："这是一起谋杀。"他弯下腰，在死者身上探摸了许久，忽然转过头来，用威严的语调问道："你们有谁看到他的银挂表吗？"那块银挂表，镇上的每一个人都认得，是那个女子送给年轻人唯一的信物。人们都记得，在人群集中的地方，这个年轻人总是每隔几分钟就拿出这块表看一次时间。在阳光下，银挂表闪闪发光，就像一颗银色温柔的心。所有的人都急忙否认，包括围在门外看热闹的那些人。警长严肃地站起身，说："如果你们谁都没看到，那就一定是凶手拿走了，这是典型的谋财害命。"死者的亲人们放声大哭起来，羞耻的十字架突然化为亲情的悲痛。原来冷眼旁观的人们也开始走近他们，纷纷表达慰问。警长充满信心地宣布："只要找到银表，就可以找到凶手了。"

门外阳光明媚，6月的大草原绿浪滚滚。年轻助手对警长明察秋毫的判断敬佩不已，他真诚地问道："我们该从哪里开始找这块表呢？"

警长的嘴角露出一抹难以察觉的笑意，伸手缓缓从口袋里掏出一块银表。年轻人禁不住叫出声来："难道是……"警长看着周围广阔的草原依然保持沉默。

"那么他肯定是自杀。你为什么硬要说是谋杀呢？"助手问。

"这样说了，他的亲人们就不用担心他灵魂的向往，而他们自己在悲痛之后，还可以像任何一个犹太教徒一样开始清清白白地生活。"

"可是你说了谎，说谎也是违背戒律的。"

警长用严肃的表情盯着助手，认真地说："年轻人，请相信我，6个人的一生，比摩西戒律还重要。而一句因为仁慈而说出的谎言，只怕上帝也不会听见。"

多年以后，那位年轻的助手已经成为一名经验丰富、受人尊重的警长，他回忆说，那是他遇到的第一桩案件，也是他一生中最有意义的一课。

这位警长为了死者家属今后的生活考虑而说了谎话，但是相信任何一位读者在读了这个故事之后都不会对这位说谎者产生轻蔑之心，因为他说谎的动机是为了爱，他的谎话也换来了一家人的幸福。因此，这个谎言中也表现出了爱的精神。

有一位著名记者简·古德温曾经为了采访特蕾莎修女而来到印度的加尔各答。一位修女告诉简，在哈拉桥下，有一个贫民窟状况在加尔各答的穷人群体中很有代表性。如果简愿意，可以去那里看看。

第二天，天还没完全亮，简就到了那里。但简看到，尽管天刚蒙蒙亮，却已有许多人在那里排队等着领取食物了。有的人拿着乞讨的碗或食盒，有的人甚至连个碗都没有，只拿着一张旧报纸或一个塑料袋。他们在等待来到这里的人施舍。但这种等待是几近于让人绝望的，因为很少有人会来到这里。

简的同情心被触动了。他买下了小贩全部的"布瑞斯"——一种夹有蔬菜的油炸面包，一共 140 个。

简提着这 140 个面包，往哈拉桥走去。当面包的香味随风飘过去时，饥饿的人们开始喊叫和骚动。等简一走近，人们就一拥而上，把简团团围住了。有的抓他的篮子，有的扯他的衣服。而那些母亲们，则把她们的小婴儿高高举起，一直举到简的面前，希望取得他的同情，也是提醒简不要忘了她们。

面对这种场面，简忽然感到害怕了。他开始为自己的安全担心，甚至怀疑自己是不是不该来这里。他的照相机还挂在肩上，口袋里还有一些美元。对于这群一无所有的人来说，他就像是一个富有的西方人，同时也是一个最佳的抢劫对象。

但接下来发生的事却令简非常吃惊。

虽然人们仍然像潮水一般不断地朝他涌过来，但他突然发现，每个人的手里其实都只拿了一个面包。场面看起来是很混乱，但只要拿到了一个面包，前面的人就自动退下去了——为了让后面的人方便挤上来。尽管那些伸到篮子里的手臂都非常细瘦，一看就是严重的饥饿造成的，但始终没有人多拿一个面包，除了那些有孩子需要喂养的母亲外。

这些极度贫穷和饥饿的人并没有争抢这140个面包，而且相互体谅共同分享，这种精神让简吃惊不已。

但让人感到万分遗憾的是，生活中，有很多只为自己活着的人，他们不愿为别人的生活提供方便，更不愿为别人放弃自己的一点点利益，这些人的精神境界和那些贫民窟中的穷人相比相差甚远。

其实，自私是人类的一种本性，真正将这两种人区别开来的是他们对待自己自私本性的态度。

克制自己自私的本性

正如哲学家卢克莱修所说，自私是人类的一种本性，高尚者和卑劣者的区别在于：前者能够克制这种本性而代之以无私的给予，而后者则任其肆意横行。

青少年朋友，请千万不要成为其中的"后者"，因为那些不肯帮助别人的人，别人也一定不会愿意为他提供方便。我们生活在一个联系越来越紧密的世界里，有时候帮助别人就是在帮助自己，任何人都不能孤立地生活，自私的人最后一定会由于自己的自私而受到伤害。

有两个重病患者同住在一家大医院的小病房里。房间很小，只有一扇窗子可以看见外面的世界。其中一个人，在他的治疗中，被允许在下午坐在床上一个小时（有仪器从他的肺中抽取液体）。他的床靠着窗，但另外一个人终日都得平躺在床上。

每到下午的时候，睡在窗旁的那个人在坐起的那个小时内，都会描绘窗外的情景给另一个人听。

他从窗口能够看到公园里的湖。湖里有鸭子和天鹅，孩子们在那儿撒面包片，放模型船，年轻的爱人们在树下牵手散步，人们在鲜花盛开、绿草如茵的地方玩球嬉戏，后头一排树顶上则是蔚蓝的天空。

另一个人倾听着，享受着每一分钟。一个孩子差点儿跌到湖里，一个美丽的女孩穿着漂亮的夏装……他朋友的述说几乎让他感觉自己亲眼见到外面发生的一切。

然而，在一个天气晴朗的午后，他心想：为什么睡在窗边的人可以独享看外头的权利呢？为什么我没有这样的机会？他觉得不是滋味，他越这么想，就越想换位子。他一定得换才行！有天夜里，他盯着天花板瞧，另一个人忽然惊醒了，拼命地咳嗽，一直想用手按铃叫护士来，但这个人只是旁观而没有帮忙——虽然他感觉同伴的呼吸已经停止了。第二天早上，当护士来的时候那人已经死了，她们只能静静地抬走他的尸体。

过了一段时间后，这人开口问，他是否能换到靠窗户的那张床上。他们搬动了他，帮他换位子，使他觉得很舒服。他们走了以后，他用手肘撑起自己，吃力地向窗外望去……他发现窗外只有一堵空白的墙。

自私让这个人失去了一个伙伴，自私让他再也无法领略那如画的风景，自私让他的人生之路越走越窄……自私，是生命中不能承受之重！自私，只会让我们步入生命的死谷，在人性阴暗的"无间道"中经受着炼狱般的痛苦与煎熬，永远得不到阳光与露水的滋润。

所以，克制自己的自私本性，以无私的分享来代替它。自己有蛋糕时，懂得与别人分享；当别人有困难时，懂得善待他人。这些都不是很复杂、很困难的事，有时候仅仅是举手之劳而已。在轻松地与人一起分享喜悦、给人力量的同时，还能让自己在精神上得到满足，何乐而不为呢？

爱不复杂，它的方法十分简单，那就是为他人着想，当然，有时对他人进行帮助会损害你自己的部分利益，而这就是考验你的爱是否真实的机会，希望每一位青少年朋友都能顺利地通过这样的考验，让自己的心灵之树开满爱的花朵。

第八节　推倒名为自私的高墙

台湾的李家同先生曾说："让高墙倒下吧，只要高墙倒下，我们就可以有一颗宽广的心。有了宽广的心，我们会看见世上不幸的人，也会听到他们哀求'我渴'。看见了人类的不幸，我们会有炽热的爱。有了炽热的爱，我们会开始替不幸的人服务。"

不要有冷漠之心

分享是很容易理解的，在我们拥有美好事物的时候，无论这美好是物质上的还是精神上的，将它分给他人，但是你想过要分给谁吗？你的朋友、同学、老师、父母，还是包括其他的一些人呢？

从前，山谷里居住着一只小白兔和一只小灰兔，它俩是邻居，家是距离不过一米的两个隐蔽的洞穴，门口各有一丛茂盛的野草。

一年夏天，接连几日下起了暴雨，这给兔子外出觅食带来极大的不便。傍晚，小白兔饿了，想去吃门口的野草，可它想到妈妈说过自己门口的野草不能吃，如果吃了，猎人就会找上门来的！于是它就跳到小灰兔家门口，把小灰兔家门口的叶子吃了个精光。饱食一顿的小白兔回到家里伸了个懒腰，然后进入了甜蜜的梦乡。

第二天早上，小灰兔也饿得饥肠辘辘了。它好不容易爬出家门，却看见家门口茂盛的野草荡然无存，可小白兔家门前的野草一棵未少。它马上明白过来，说："一定是小白兔把叶子吃了。"

于是小灰兔也把小白兔家门口的叶子吃了。

无巧不成书。上午,一位猎人经过这儿,一眼就发现了兔子的洞穴。两只兔子怎能逃过猎人的捕捉?没过多久,它俩就成了猎人的囊中之物。

这两只兔子正是由于自私心理的作怪,才落得一起被猎人捕捉的下场。可见,自私是我们最大的敌人。

其实,不得不说,能够在学校里上学的孩子们的生活已经算是富足的了,也许他们的家庭称不上富裕,但是他们已经获得了受教育的权利,这是世界上有一些国家的孩子们望尘莫及的。比如在印度加尔各答最最糟糕的贫民窟"摩提吉"中,大人带领着孩子住在垃圾堆旁边,饮用和用于洗涤的水就是肮脏池塘里的水。他们不但不能上学,而且还要时常受到疾病、饥饿的困扰,生存状况十分让人担忧。

在看到本书之前,也许你并不曾想到世界上还有这样让人痛心的情景,但是希望你在阅读了以上的文字之后能察觉到:这些同龄人,这些可怜的孩子,也应该是你们分享爱的对象,不要由于他们贫穷或是你们之间的距离过于遥远而认为这种分享不太现实。只要你有爱心,就必定能够找到爱的途径。

缺乏爱的人是最贫穷的人

实际上,在你们和他们之间,并不存在相互阻隔的高墙,如果有人认为高墙存在,那么这堵墙一定就在他的心里。这堵高墙就是冷漠和自私,所以,希望你们不要用一双冷漠的眼睛来看待这种悲惨的景象。冷漠是对人身心最严重的伤害,缺乏爱的人,是最贫穷的人。

其实,特蕾莎修女也曾和你们一样面临同样的问题。当她还住在修道院的时候,修道院的高墙把加尔各答分割成了两个世界,高墙内部是鲜花绿草,圣歌弥撒;而高墙外却是另一种截然相反的景象;街道上污水横流,许多病人、垂死者、孤儿寡母们在呻吟、喊叫,他们被殴打,等待施舍。

这种巨大的反差让特蕾莎修女的内心非常不安，于是她请求修道院的院长允许她利用业余的时间出去帮助那些可怜的人们。院长同意之后，特蕾莎修女走出了高墙，她把她所能找到的能够给予穷人帮助的物品送给了穷人，包括药品、简单的医护用品和食物等。她认为将这些东西自己占有和使用，而不去分给那些更需要它们的人是不对的。

当看到高墙外的悲惨景象后，特蕾莎修女毅然决然地走出了高墙，不仅如此，后来，她甚至完全走出了修道院，去为穷人服务。

加尔各答有一个孩子，只有 4 岁大。他听说特蕾莎修女没有糖了，就对父母说："我愿意 3 天不吃糖，把这些糖都给特蕾莎修女吧。"他的话不但使他的父母甚感意外，更使特蕾莎修女感到慰藉。特蕾莎修女说："你们看，一个 4 岁的孩子，就已经懂得分享，就已经开始与我们共同承担责任了。虽然他拿出来的只是微乎其微的一点糖，但重点不在于他给予了多少，而在于他在给予中投入了多少爱。"

连 4 岁的孩子都可以献出自己的糖果，这是多么无私而纯洁的爱啊！在这份爱面前，自私的人无不感到自惭形秽。

台湾的李家同先生曾说："让高墙倒下吧，只要高墙倒下，我们就可以有一颗宽广的心。有了宽广的心，我们会看见世上不幸的人，也会听到他们哀求'我渴'。看见了人类的不幸，我们会有炽热的爱。有了炽热的爱，我们会开始替不幸的人服务。"

所以，在繁忙的学习之余，青少年也不妨通过网路、书刊、报纸等多种途径了解世界上贫苦人民的情况，这也许会耽误一些你休息和游戏的时间，但是这个工作是非常有意义的。一方面，你会更加珍惜自己现在的生活，不再对命运充满牢骚和抱怨；另一方面，你也可以想办法帮助他们，做一些力所能及的事，让自己的生活更加有意义。

第九节 分享让忧伤减半，让快乐翻倍

分享中包含了爱，在人们彼此分享、互相给予的一刹那，爱温暖了所有人的心灵，爱，是越分越多的。

爱，是越分越多的

也许你曾听过这样一个谜语："越洗越脏的东西"，谜底是"水"。这个谜语看起来不切实际，但是仔细想来，却合情合理。世界上所有的东西都是越洗越干净的，只有用来洗净这些东西的水会越洗越脏。它用自身的脏成就了万事万物的洁净，不得不说，这也是大自然给予我们的一种启示。

另外，还有一个有趣的谜语："越分越多的东西"。也许你会问：这样的事物真的存在吗？但只要参考上面的谜语，你就不会怀疑它的合理性了。它当然是存在的。

尽管这不是特蕾莎修女提出的谜语，但是相信如果要她来猜的话，她一定会说是爱，因为这十分符合她的一个独特的运算逻辑，那就是：我们分什么东西给人，什么东西就越来越多。这个逻辑听起来很荒谬，但事实上合乎自然。它的意思是，我们越是给予，自身反而越是丰富有余。无论是金钱、事物，还是仁爱和信任，都是越分越多。

为什么会这样呢？当然是因为分享中包含了爱，在人们彼此分享、互相给予的一刹那，爱温暖了所有人的心灵，爱，是越分越多的。

当然，假如不懂得分享或者不愿分享，爱也会变得越来越贫瘠，拒

绝分享的结果是让生命走向萎靡。

从前，有一位精明的荷兰花草商人，辛辛苦苦从遥远的非洲引进了一种名贵的花卉，培育在自己的花圃里，准备到时候卖上个好价钱。对这种名贵花卉，商人呵护备至，很多亲戚朋友向他索要，向来慷慨大度的他却连一粒种子也不肯给。他计划培植3年，等拥有上万株后再开始出售和馈赠。

第一年的春天，他的花开了，花圃里万紫千红，那种名贵的花开得尤其漂亮，就像一缕缕明媚的阳光。第二年的春天，他的这种名贵的花已经有五六千株，但他发现，今年的花没有去年开得好，花朵变小不说，还有一点点的杂色。到了第三年的春天，名贵的花已经培植出了上万株，令这位商人沮丧的是，那些名贵的花的花朵已经变得更小，花色也差得多了，完全没有了它在非洲时的那种雍容和高贵。当然，他也没能靠这些花赚上一大笔钱。

难道这些花退化了吗？可非洲人年年种养这种花，大面积、年复一年地种植，并没有见过这种花会退化呀！商人百思不得其解，他便去请教一位植物学家。植物学家拄着拐杖来到他的花圃看了看，问他："你这花圃隔壁是什么？"他说："隔壁是别人的花圃。"植物学家又问他："他们种植的也是这种花吗？"他摇摇头说："这种花在全荷兰，甚至整个欧洲也只有我一个人有，他们的花圃里都是些郁金香、玫瑰、金盏菊之类的普通花卉。"

植物学家沉吟了半天说："我知道你这名贵之花不再名贵的致命原因了。"植物学家接着说，"尽管你的花圃里种满了这种名贵之花，但和你的花圃毗邻的花圃却种植着其他花卉，你的这种名贵之花被风传授了花粉后，又染上了毗邻花圃里的其他品种的花粉，所以你的名贵之花一年不如一年，越来越不雍容华贵了。"

商人问植物学家该怎么办，植物学家说："谁能阻挡住风传授花粉呢？要想使你的名贵之花不失本色，只有一种办法，那就是让你邻居的花圃里也都种上你的这种花。"于是商人把自己的花种分给了自己的邻居。第二年春天花开的时候，商人和邻居的花圃几乎成了这种名贵之花的海洋——花朵硕大，花色典雅，朵朵流光溢彩，雍容华贵。这些花一上市，便被抢购一空，商人和他的邻居都发了大财。

要想保持自己的美丽，就必须拥有美丽的"邻居"；要想拥有一片美丽的花的海洋，就必须与人分享美丽，和大家一起培植美丽。

心灵无私，懂得分享

心灵无私，懂得分享，这是我们获得快乐的唯一秘诀。其实，生活的真谛并不神秘，幸福的源泉大家也知道，只是时常忘记罢了。

18 世纪，德国著名作家席勒曾经说过："如果你把快乐告诉一个朋友，你将得到两个快乐；而如果你将忧愁向一个朋友倾吐，你将分掉一半的忧愁。"

这是多么美妙的一句话啊！快乐来自于分享，一个人快乐的时候，如果能有人和他一起分享，那么他的快乐就会加倍。相反，如果没有人和他一起来分享快乐，那么他就会失去原有的这份快乐。

从前，有一个犹太长老，他很喜欢打高尔夫。在一个安歇日，他的球瘾又犯了，很想去打球，可是他又怕违反教规（教规严禁在安歇日工作和游玩，只能在家休息），经过一番思想斗争之后，他还是无法说服自己不去打。而且他想，安歇日教徒们肯定都在家待着，不会有人知道他去打球了。于是，他就带着球杆去了球场……

结果像他预想的那样，球场上一个人都没有。于是，他举起球杆开打。这时，一个小天使从这里经过，看到长老在打球，心里想：安歇日他还在打球，太大胆了。于是小天使就到了上帝那里要求上帝惩罚长老，上帝听了小天使的话非常气愤，就说一定会惩罚长老的。

　　这时的长老正打得津津有味，根本不晓得小天使告了他的状，而且状态极佳，比世界高尔夫冠军打得还好。本来他想着打上九杆球就走，可是一看自己今天的球技不凡，就想着再打上九杆看看，结果又是每杆球一杆进洞，这让他非常兴奋，把那些教规忘得一干二净，继续打起来，而且还是百发百中。这时，小天使又从这里经过，看到长老还在打球，很是生气，心想肯定是上帝偏袒他，于是去找上帝理论。上帝笑笑说："我已经在惩罚他了。"小天使很纳闷，上帝就说："他的球技出奇的好，一定很兴奋、激动，可是却不能与人分享……"

　　长老由于不能分享而十分痛苦，而另一个人却因为分享而获得快乐，这个人就是被印度人民尊称为"圣雄"的甘地，他是特蕾莎修女尊重的伟大人物。他的生活中发生过一件小事，这件小事中体现出来的精神让世人动容。

　　有一次，甘地要坐火车到一个地方，但是不知为什么，他耽搁了时间，当火车要启动的时候，他才匆忙赶来。可是，当他上车的时候，脚被车门夹了一下，有一只鞋子掉了下去，他当然不可能跳下车去找鞋子，因为火车是不会等他的。

　　假如是一般人，可能会感到有些可惜，或是有些不知所措，或会想办法来摆脱窘境，但甘地的做法出人意料：他迅速地脱下另一只鞋子，朝第一只鞋子掉下去的地方，毫不犹豫地扔了下去。车厢里的人觉得很奇怪，就问他为什么要这样做，他说："如果一个穷人正好经过这里，他就可以见到这双鞋，或许对他有用呢。"

　　已经掉了的那只鞋不可能捡回来了，这个时候，如果扔下另一只鞋子，想到有人可能因此受益，这种想法会让人在不知不觉中露出微笑，在当时的情况下，没有比这更好的选择了。

　　看，分享就是这样的神奇，如果人们运用得当，它甚至能在一瞬间将一件令人沮丧的事变得美妙无比。所以，一个人不管是拥有还是失去，是愉悦还是痛苦，都需要有人来和他分享，分享可以使快乐加倍，忧伤减半。

当你通过某事感到快乐时，别忘了与他人分享，哪怕只是一个简短的幽默故事；当你为了某事闷闷不乐，也没有必要憋在心里，找到一个值得信赖的好朋友，倾诉你的苦恼，你的生活就会重新充满阳光。

第十节　把自己最好的东西献给世界

关心一下身边其他人的感受和生活，腾出一只手来，抽出一点时间来，你所做的、所奉献的就能够给他人带来极大的帮助，这种力量是你难以估量的。

力所能及地作一些奉献

分享的最高境界是奉献，就是把自己所拥有的最好的东西献给他人，献给世界。

或许我们做不到像特蕾莎修女那样把自己的一生都投入到帮助他人、奉献爱的行动中去，但是我们依然能够在追求自己想要的人生的同时，尽自己最大的努力去帮助他人，腾出一只手来为别人做一些有意义的事。

世界各地的人们了解到特蕾莎修女的事迹之后，都非常感动，他们纷纷捐款捐物，或者直接到慈善机构做义工。这些人中，就有许多我们的同龄人以及一些比我们小很多的孩子，他们采取了各种行动对特蕾莎修女的行动进行了响应。

在西班牙的一些学校里，学生们每天节省一部分或全部的零用钱，然后集中起来寄往印度。这种节省零用钱的捐助行动，在西班牙的中小学生们中已经成为一种习惯。

一位日本人在读了有关印度儿童的报道后，教育他的两个孩子要懂得奉献，结果他的两个儿子，一个8岁，一个5岁，都积极地响应他。8岁的儿子提出："为帮助印度穷苦的儿童，我们可以每周3次不吃饭后水果。"他的提议立刻得到了全家的同意。

一个美国的小孩子用歪歪扭扭的字给特蕾莎修女写了一封信："德兰修女，我好爱你，我把零用钱捐给你。"他在信封里装了一张3块钱的支票。修女说："从他的字就能知道他有多小。"

一个伦敦的小女孩，提了满满一袋子的一分钱硬币来到仁爱传教会的门前，对修女说："这些给穷人。"

现实中的人们每天都在忙着自己的事，但是在忙碌之余，我们应当关心一下身边其他人的感受和生活，腾出一只手来，抽出一点时间来，你所做的、所奉献的就能够给他人带来极大的帮助，这种力量是你难以估量的。

腾出一只手给别人

他没有收入，没有存款，没有汽车，没有房子，没有妻子和孩子，甚至没有兴趣爱好，但很多媒体称他为"当代英雄"，甚至"圣人布洛克"。

这位74岁的英国老汉是一个绝对的赤贫者。他在美国生活了几十年，却连美国护照都没有。他住在用1美元租来的一所废弃校舍里，睡在地板上——只铺着一块垫子，吃的基本都是素食。他用一根浇草坪的橡胶水管在院子里洗澡，冬天他照样冲凉，只是换到了室内。他的唯一伴侣是一只12年前被他收留、现已失明的流浪狗。狗和他吃的东西一样，都是别人送的。

但这样一个身无分文的老汉，他创办的"偏远地区医疗志愿团"（缩写为RAM）已经在全球10多个国家为数十万穷人提供了免费医疗服务，其中超过6成是在美国。

　　布洛克把RAM开展的集中免费诊疗称为"远征"，因为每次都有大队人马出动——运载大量志愿医生和医疗器材的车队。往往还要出动飞机（大多由他亲自驾驶），而且都在周末。

　　布洛克1936年出生在英格兰北部兰开夏郡的普雷斯顿，从小跟随在政府任职的父亲不断搬家。二战期间，他们住在常遭轰炸的英国南部。后来父亲被派往英属圭亚那工作，母亲随同前往。正在上中学的布洛克在放暑假时拿到了一张去探望父母的免费船票。在南美北部巴西与圭亚那的交界处，16岁的布洛克成了一个牛仔。在那里他待了15年，形成了日后的生活方式："我的成长过程很艰苦，每天也许只吃一顿饭，但很健康。"

　　有一天，灾难降临到他身上。在驯服一匹野马时，他重重地撞上围栏又摔到地上。这时一个印第安同伴告诉他，离他们最近的一个医生，他们走路过去要用26天的时间。最后他挺过了那次事故，但从此有了一个想法：要让偏远地区的穷人也能够免费看病。1985年，布洛克终于创办了RAM，迄今为止，RAM已在美国十几个州行医。

　　医生志愿者也是自己找上门来——通过RAM的网站或打电话。这些医生不收报酬，旅费也自付，但设备和器材通常不需要他们提供，大多为RAM用捐款购买。

　　RAM总共拥有5架飞机，最大的一架是道格拉斯C-47运输机。布洛克兼任RAM的首席飞行员和首席飞行教官。一个两手空空的人，凭着一腔热情在美国的西部缔造了一个慈善的传奇。

虽然布洛克一贫如洗，但他却把自己最好的东西奉献给有需要的人，让偏远地区的穷人得到免费的医疗服务，他的爱心遍及世界各地。

　　陀思妥耶夫斯基20多岁时写了一部中篇小说《穷人》，学工程专业的他怯生生地把稿子投给《祖国纪事》。编辑格利罗维奇和涅克拉索夫傍晚时分开始看这篇稿子，他们看了十多页后，打算再看十多页，然后又打算再看十多页，一个人读累了，另一个人接着读，就这样一直到晨光微露。他们再也抑制不住激动的心情，顾不上休息，找到陀思妥耶夫斯基的住所，扑过去紧紧把他抱住，流下泪来。涅克拉索夫性格孤僻内向，这时也无法掩饰自己的感情。他们告诉这个年轻人，这部作品是那么出色，让他不要放弃文学创作。

之后，涅克拉索夫和格利罗维奇又把《穷人》拿给著名文艺评论家别林斯基看，并叫喊着："新的果戈理出现了。"别林斯基开始不以为然："你以为果戈理会像蘑菇一样长得那么快呀！"但他读完以后也激动得语无伦次，瞪着陌生的年轻人说："你写的是什么，你了解自己吗？"平静下来以后，他对陀思妥耶夫斯基说："你会成为一个伟大的作家。"

陀思妥耶夫斯基做出了回应："我一定要无愧于这种赞扬，多么好的人！多么好的人！这是些了不起的人，我要勤奋，努力成为像他们那样高尚而有才华的人！"后来陀思妥耶夫斯基写出了大量优秀的小说，成为19世纪俄国的经典作家，被西方现代派奉为鼻祖。

格利罗维奇、涅克拉索夫、别林斯基因各自的成就赢得了人们的尊敬，但更加令人们尊敬的是他们"腾出一只手"托起一个陌生人的举动。虽然最初他们就预料到这个年轻人的光芒将盖过自己，但他们连想也没想就伸出了自己的手。

"腾出一只手"给别人，肯定会牺牲自己的利益，别林斯基等3位伟大的艺术家虽然后来被陀思妥耶夫斯基抢了光芒，陀思妥耶夫斯基因成功而使自己的人格举世皆知。生活中更多的"腾出一只手"者则是默默无闻的，因为不是每一个人都能像陀思妥耶夫斯基那样成为"不再重放的花朵"。"腾出一只手"给别人在于过程，而不在于结果。无论被托举者最后是否平凡，无论托举者能否得到回报，这都不影响爱的价值。

所以，"腾出一只手"给卑微者——赞扬他们；"腾出一只手"给狂妄者——规劝他们；"腾出一只手"给绝望者——点拨鼓励他们……让我们记住高尔基给儿子的信中的一句话：给，永远比拿愉快！

第 2 章

"家庭是爱的发源地"——家是
每个人的城堡

家是什么？家是心休息的地方，是一个可以容下你的错误、你的兴奋、你的无奈、你的欢笑、你的眼泪，你不必戴面具的地方。家里的每一个人彼此相依，虽是家人，但更多时候像朋友。他们关心你时，真心实意；帮助你时，不求回报。总之，家人就是当你无理大发脾气之后，眼神里依旧流露出关切的目光的人。一个有这样的人群的地方才能被称为家。

第一节　家庭是快乐的源泉

有爱就有家，无论这个家是贫困还是富有，只要能和亲人在一起，感受到亲情的温暖与关怀，你就是幸福的人、快乐的人。

有家才有爱

在现实生活中，什么事物能让你感受到最大的快乐呢？在回答这个问题之前，我们不妨先来看一下美国青少年对于此问题的看法。美国一项相关的调查揭示的答案可能让你感到有些意外，美国青少年表示，家庭生活才是他们快乐的源泉。

美联社和MTV联合展开的这项大规模调查，以1280名年龄在13～24岁的青少年为对象，向他们提出了100多个问题，设法探讨青少年快乐的理由。该调查显示，20%的青少年认为，他们最快乐的事就是和家人共处；其中3/4的人表示，和父母相处时觉得最快乐。除了家庭，和朋友相聚也是青少年觉得最快乐的事。该调查发现，友情排在亲情之后，成了青少年的第二大快乐源泉。此外，在选择自己心目中的英雄时，接近半数的青少年选择了父亲或母亲，其中选择母亲的占了20%，选择父亲的占了21%，还有16%的人把父母并列为最崇拜的对象。

人们总是说，金钱是满足物质享受的基本条件，但是在这项调查中，几乎没有人提到金钱是让他们快乐的理由。该调查还发现，虽然父母的收入状况的确与孩子的快乐程度有关系，但是父母的受教育程度与孩子的快乐程度关系更密切。

大部分的青少年受访时都表示父母和其他家人对自己的影响很大。92%的青少年相信将来婚姻会带给他们幸福，并愿意在婚后生儿育女。

那么，你的看法是否与他们一致？在你的心目中，家庭对你意味着什么呢？只是每天放学后的一个住处吗？只是一个能遮风避雨的地方吗？还是一个分享痛苦与快乐的温馨所在，一个自由自在释放心灵的天空……家对你来说，究竟意味着什么呢？

关于这一点，特蕾莎修女曾经在一次演讲中对人们说道："今天我不能给你们什么，也没有什么可以付出，我只要求你们一件事，看看你们身边，如果你在家里看见贫苦的人，那么，就从家庭开始爱，付出微笑，付出时间给身边的人，直到感觉痛苦——真正的相爱，是一定要付出代价的。"

有一天，特蕾莎修女在伦敦的街头遇见一个流浪少年，特蕾莎修女对他说："你不应该在这里，你应该和父母在一起。"少年却说："我不能回家，我母亲不喜欢我，每次我回去都被她赶出家门。"

特蕾莎修女吃惊地问："为什么？"少年的回答却是："我母亲讨厌我的一头长发。"

当特蕾莎修女和修女们办完事回去的时候，居然看见少年还在那里，他可能是吃了什么过量的药物，有些神志不清。于是特蕾莎修女和修女们把他送进了医院。

从医院出来时，特蕾莎修女又突发奇想，她想或许这个少年的母亲此时此刻正在为印度的穷人募捐呢，但她的孩子却在这里流浪，无人照顾。而且特蕾莎修女断定这样的善心人士绝对不止一个。有些人非常热情地为远方的饥民和难民奉献，却对自己的孩子或父母不管不顾，既抽不出时间，更挤不出爱。

想到这些，特蕾莎修女更痛心了。她想：我们怎样爱穷人呢，如果不能首先爱自己的孩子？假如不是从家庭开始去学会爱，我们如何保证它结出的果实一定是美好的？

生活中不乏这样的人，他们很愿意对远方的人表达爱，他们会热情地参加各种慈善募捐、志愿者活动等，而对身边的人非常冷漠，甚至不怎么关心自己的父母。有个作家把这种行为称为"远程爱心"。当然，作家的意思不是说远程爱心不好，而是说我们不能只有远程爱心。最起码，在你关心远方的人时，你也多少关心一下身边的人，好让你的父母、你的伴侣和你的孩子感受到你的爱。一个人连身边的人都不爱，又怎么可能真的爱远方的人呢？那样的话，你所做的一切只是为了成就你个人的功名。

爱你身边的人

其实我们很多人都是如此，爱远方的人似乎很容易，爱身边的人却非常困难。更多的情况是，人们急切地追求个人的成功和发展，以至于抽不出时间和精力去关心父母、照顾子女，最后导致家庭土崩瓦解。而瓦解的家庭只会给这个本来就有点混乱的世界制造更多的不安和纷乱。

西方国家大都很富裕，可实际上很多人生活在精神和心灵的深度贫穷里。例如，有些青少年的父母由于忙于工作而无暇照管他们，或者只顾及他们的物质需要，而对他们的心灵需求置若罔闻，以至这些年轻的生命充满了焦虑、疑惑和巨大的虚无感，不知道生命的意义和价值。而老人们则在孤独和寂寞里孤零零地等死，因为他们的孩子根本没时间陪伴他们。

这是修女亲身经历的一件事情：

有一次，特蕾莎修女在街上找到一个大约六七岁的小女孩，然后把她带回施舒柏瓦。修女给她洗了一个澡，并给她衣服及好的食物。没想到当晚这孩子跑掉了。

修女把她寻回，但她一而再、再而三地逃跑了。

她这样逃跑3次后，特蕾莎修女派一位修女跟着她，看她往哪里去。这位修女在一株树下找到她，她和她的母亲、姊妹坐在一起。那里有些食物，她的母亲正用从街上捡来的食物做饭。

她们在那里做饭，她们在那里吃饭，她们在那里睡觉，那里就是她们的家。

直到那时,大家才明白她逃跑的原因。她的母亲爱她,而她又非常爱她的母亲,她们在对方的眼中都是美的。

那女孩说:"我的家!"——那里就是她的家。

所以,特蕾莎修女认为,家庭就是爱的源泉,而爱是一切美德的灵魂。这个源泉只要干涸,我们的善心也将干涸。有爱就有家,无论这个家是贫困还是富有,只要能和亲人在一起,感受到亲情的温暖与关怀,你就是幸福的人、快乐的人。从现在开始,从我开始,让我们去拥抱父母,关爱家人,全身心地感受那份源自家庭的浓浓爱意吧。

第二节 感恩父母给予的爱

不管哪一种生命,都是在父母的悉心呵护下茁壮成长的。想到这里,我们确实应该感谢父母,感谢他们给予了我们生命,带给了我们幸福的人生。

生命中最熟悉的人

生命在爱中孕育,在爱中诞生,在爱中成长,生命源于爱。世界因爱而精彩,生命因爱而幸福,人生因爱而欢乐。

父母在赋予我们生命的同时,也给我们带来了一生的爱。无论日月怎样轮回,无论世事怎样变迁,唯有父母的爱最真最纯。所以,我们要用一颗感恩的心去感谢父母,感谢他们给予我们的爱。

有了父母的呵护,有了父母的关爱,孩子无论多大,无论身在何地,都能感到温暖,都会感到自己是世界上最幸福的人。

父母从孩子出生的那一刻起，就已经开始了全身心的付出。从精神到物质，从年轻到年老，他们都会用一颗慈爱的心关怀自己的孩子，盼望他们平安，希望他们幸福。虽然孩子是各式各样的，但父母对孩子那颗爱心都是一样的。

一天晚上，王盼盼跟妈妈吵架了，她什么都没带就只身往外跑。但是，走了一段路，她发现自己竟然一分钱都没有，连打电话的钱都没有！

走着走着，她肚子饿了，看到前面有一个面摊，煮出的面条热气腾腾的，她觉得一定很好吃！可是，她没钱啊！

过了一段时间，面摊老板看到王盼盼还站在那边，一直没有离去，就问她："小姑娘，你是不是要吃面啊？"

"但是……但是我忘了带钱。"王盼盼很不好意思地回答。

面摊老板热情地说："没关系，我可以请你吃呀！来，我给你做碗馄饨吃吧，怎么样？"

"太好了！"王盼盼已经饿得有些摇晃了。

不一会儿，老板端来了一碗面条和一碟小菜。王盼盼吃了几口，忍不住掉下了眼泪。"小姑娘，你怎么了？"老板问道。

"哦，我没事，我只是感激！"王盼盼边擦眼泪，边对老板说，"您是陌生人，我们又不认识，您只不过在路上看到我，就对我这么好，还煮面条给我吃！但是……我妈，我跟她吵架了，她竟然把我赶出来了，还不让我再回去了……您是陌生人都能对我这么好，而我妈，竟然对我这么绝情！"

老板听了，委婉地劝她说："小姑娘，你怎么会这样想呢！你想想看，我只不过煮了一碗面条给你吃，你就这么感激我，而你妈呢？她为你煮了十多年的面条，洗了十多年的衣服，你怎么不感激她呢？你怎么还要跟她吵架呢？"

王盼盼听了这话，当场愣住了。

"是啊！陌生人为我煮了一碗面条，我都如此感激，而妈妈辛苦地把我养大，也煮了十多年的面条给我吃，我为什么没有感激她呢？而且，只是因为一件小事，我就跟妈妈大吵了一架，唉……"匆匆吃完馄饨，王盼盼鼓起勇气，朝家跑去，她恨不得飞回家对妈妈说："妈！对不起，我错了！"

当王盼盼走到自家胡同口时，她看到妈妈那疲惫而又熟悉的身影，正焦急地左右张望……

看到王盼盼回来了，妈妈惊喜地叫道："盼盼啊！你让妈急死了！赶紧回家吧！饭已经做好了，菜都快凉了！妈以后不再跟你吵架了，好吧？"

此时，王盼盼的眼泪不争气地涌了出来，在模糊的视线中，她看到了妈妈泛红的双眼……

谁是我们生命中最熟悉、最亲近的人？毋庸置疑，他们就是我们的父母。但是对于父母，我们真的了解吗？我们真的能够体会父母对我们的一番深厚的爱吗？对此，特蕾莎修女曾经问过人们："我们真的认识身边的人吗？我们认识他们吗？我们知道他们需要我们的爱吗？我们知道吗？如果我们真的认识他们，我们就会看见，在我们身边，有很多人正被孤单和寂寞所困，他们被我们忽略、遗弃，正成为生活中新一类的穷人。而他们可能就在我们家里，在我们的身边。我想，这些都是你和我必须知道的。"

生命中最伟大的人

从特蕾莎修女的话里，我们深刻地体会到了修女对于家庭之爱的重视，对于家人之间冷漠现象的批判。然而，在现实生活中，有一个很奇怪的现象：在物质越来越丰富的西方世界，这种家庭的冷漠所导致的孤独更为严重；在物质相对贫乏的地区，这种情况则相对好一些。特蕾莎修女谈到，在物质贫困的加尔各答，她看到了自己所呼唤的那种爱。她说："能够彼此真正相爱的人，是世界上最幸福的人，而我在最贫困的人身上看到这份爱。他们爱自己的子女，爱自己的家庭。他们虽然贫乏，甚至一无所有，但他们却是快乐的。"

　　有一次，一位女士来到修女跟前，她心里背负着极大的忧伤。她告诉修女说，她女儿失去了丈夫和孩子。她女儿把心里的愤恨都发泄在她身上，她甚至不愿看见母亲。

　　对此修女告诉她："现在你试着想一想你女儿童年时所珍惜的一些小玩意，也许是一些花朵或特别喜好的食物。你把这些东西送给她，但千万别指望回报。"

　　她照修女的话去做，把女儿喜爱的花朵放在桌子上，或留给女儿一块漂亮的花布，而且并不期待女儿的回报。

　　几天后，她的女儿对她说："妈妈，来我这里，我爱你，我需要你。"

　　这真是一件美妙的事。

　　这母亲所做的事唤起了女儿童年时的欢乐，使她联想起自己的家庭生活。她必然曾经有一个愉快的童年，因为只有这样，她才能重新领悟母亲对她的爱是何等令人欢心快乐。

　　这是一位伟大的母亲，即使孩子伤害了她，她还是一如既往地爱着孩子。但是，对于这种爱，作为孩子的我们能够体会吗？如果某件事情你觉得是父母伤害了你，你能像这位母亲原谅她的女儿一样原谅你的父母吗？这也许就要好好儿地思考一下了。

　　作为孩子，我们一定要牢记这一点，父母是你生命中最伟大的人，亲情是世界上最无私的感情。不管哪一种生命，都是在父母的悉心呵护下茁壮成长的。想到这里，我们确实应该感谢父母，感谢他们给予了我们生命，带给了我们幸福的人生。

第三节　用行动去尽孝道

　　爱源自家庭。今天的世界，每一个人都忙忙碌碌，渴望更大的发展和追求更多的财富等，以至于做子女的抽不出时间去关心父母，做父母的也没有时间彼此关心。这致使家庭生活瓦解，直接扰乱着这个和谐的世界。

——特蕾莎修女

帮父母做一些力所能及的事

　　自从我们呱呱落地开始，就注定要去爱，要被爱。而其中有一份爱是无怨无悔的，是真心希望我们好的。那就是父母对我们无私的、伟大的爱！对于这份爱，也许我们一辈子都回报不了，但我们还是要用尽全力去回报这份爱。因为它倾注了父母对我们的所有心血。可是有些人却从未想过要回报。在他们眼里，这份爱是理所应当的，但真理决不允许——因为，世界上根本就没有理所应当的爱，世界上还有许多人无法得到这份爱！

　　其实，父母想要我们回报的并不多：他们只需要我们在他们疲惫的时候分担一点肩上的重量；他们只需要我们在他们回家时递上一块毛巾、一杯热茶；他们只需要我们对他们多一句问候，少一句抱怨；他们只需要我们对他们多一些挂念，少一些遗忘；他们只需要看到我们幸福、快乐、平安……我们要用行动来回报父母的爱！

　　　　有3个妇女在井边打水。

　　　　有一位老人坐在石头上休息。

一个妇女对另一个说道：

"我的儿子很机灵，力气又大，谁也比不上他。"

"可我的儿子会唱歌，唱得像夜莺一样悦耳，谁也没有他这样好的歌喉。"另一个妇女说。

第3个妇女看着自己的水桶一声不吭。

"你为什么不说说自己的儿子呢？"两个邻居问她。

"有什么好说的呢？"她说，"我儿子什么特长也没有！"

说着，她们装满水桶，提着走了。老人也跟着她们走去。水桶很重，她们走得很慢，不时地停下来休息一下。

忽然迎面跑来了3个男孩，一个孩子翻着跟头，他母亲露出欣赏的神色；另一个孩子像夜莺一般歌唱着，妇女们都凝神倾听；第3个孩子跑到母亲跟前，从她手里接过两只沉重的水桶，提着走了。

妇女们问老人道："喂，怎么样？我们的儿子怎么样？"

"呵，他们在哪儿？"老人答道，"我只看到了一个儿子！"

孝敬父母应当体现在日常的行动中。帮父母做一点力所能及的事情，哪怕是一件微不足道的事情，也可以体现我们的爱心。如果缺乏行动，再出众的才华，再强大的力量，也无法报答父母对我们的养育之恩。

不要把对父母的爱埋在心底

特蕾莎修女不止一次地对人说过："爱源自家庭。今天的世界，每一个人都忙忙碌碌，渴望更大的发展和追求更多的财富等，以至于做子女的抽不出时间去关心父母，做父母的也没有时间彼此关心。这致使家庭生活瓦解，直接扰乱着这个和谐的世界。"

修女在诺贝尔和平奖的颁奖大会上讲过这样一件事："我永远也不会忘记曾经访问过的一家养老院。这家养老院里的老人都是儿女将他们送来的。尽管这里的生活用品一应俱全，甚至还有点奢华，但是这些老年人却都坐在院子里，眼睛盯着大门看。他们的脸上没有一丝笑容。我转向一位老姐姐，问她：'这是怎么回事？为什么这些衣食不愁的人总是望着大门？为什么他们脸上没有笑容？'我已经太习惯看到人们脸上的笑容，甚至那些挂在垂死的人脸上的笑容。但是在这里，我看到的是一种对爱心的企盼。那位老姐姐对我说：'这里几乎天天都是如此，他们每天都在企盼着，盼望他们的儿女来看望他们。他们的心受到了极大的刺伤，因为他们是被遗忘的人。'瞧，这就是世上存在的另一种贫乏，被爱心遗忘的贫乏。也许这样的贫乏已经悄悄地来到我们的身边和我们的家庭中。也许就在我们自己的家庭中，已经有成员感到孤独。也许他们的心已经受到伤害，或许他们处于某种焦虑不安的状态中……"

对此，你有何感想呢？或许你在生活中有很多同学和朋友，你们可以在周末或是假期聚在一起学习、唱歌、旅游、运动……但是当你外出的时候，你是否想过在家时刻期盼着你、挂念着你的父母，是否想过父母会为你担忧呢？是否想过父母也会孤单呢？

比尔·盖茨曾经说过这样一句话："在这个世界上，什么事情都可以等待，只有孝顺是不能等待的。"这位富可敌国的大富翁为什么会发出这样的感慨呢？因为他觉得，时间如流水，是不会等人的，在现实中，我们每个人都有很多事情要忙，忙学习、忙游戏、忙作业……等我们成人了，我们还要忙工作、忙事业，当我们认为真正拥有了可以孝顺父母的能力的时候，可能为时已晚了，因为这时候的父母已经吃不动，也穿不了了，有的父母甚至已经离开尘世。就是为了避免这种悲剧发生，比尔·盖茨每年都要拿出一大笔钱孝敬父母，让父母自由消费。

或许，目前我们可能做不到比尔·盖茨那样，但也应当多为父母做些事，用实际行动来表达我们对他们的爱和感激，而不要总是把爱埋在心里。

古语中说，"树欲静而风不止，子欲养而亲不待"，意思就是说孝敬父母要及早行动，不要等父母都不在了才想起来要孝顺，那时只能追悔莫及，空留遗憾了。

第四节 为父母分忧解难

如果可能，帮妈妈刷刷筷子洗洗碗，帮爸爸捶捶后背揉揉肩。爱，很多时候就是一些容易被我们忽略的细节。

懂得为家庭分担忧愁

怎样成为一个孝顺的好孩子呢？这需要你懂得体贴和关爱自己的家人，学会照顾家中的老人，帮自己的父母分担一些家务。你也许觉得要做到这些很困难，你可能会抱怨自己时时刻刻都面临着繁重的学习任务，连喘息的机会都没有，还有什么时间顾及周围的人呢，更不用说要照顾他们了。但是在历史上，不少的名人都为我们做出了很好的表率，你可以学习、了解一下，看看他们是怎么做的。

对于著名的地质学家李四光这个人，青少年可能都知道。但是对于他小时候的事情，大家就未必那么熟悉了。

据说，李四光小的时候不但勤奋好学，而且还非常孝顺父母，总想着为父母分忧解难，所以，在他还上小学的时候，他就知道帮助父母干家务活了。

有一天，李四光刚从私塾放学回来，就看见母亲正用石杵费力地舂米，于是，他马上放下书包，跑过去帮母亲干活。因为石杵特别重，所以李四光才干了一小会儿，鼻尖上就沁出了汗珠。

母亲看见了，心疼地说："好孩子，你上学已经很辛苦了，应该休息一下了,这些重活还是让娘来做吧!"谁知李四光非常固执,他义正词严地说:"我要帮娘干活,我不累!真的,我现在一点儿都不累!"于是,他一直努力坚持着,直到把米舂完,他才停下来休息。

除了帮父母舂米外,李四光还想出很多办法帮助父母减轻生活的压力。每年夏天,只要到了收麦子的季节,李四光就会约上几个小伙伴,到别人家收过麦子的大田里捡别人落下的麦穗。尽管捡到的麦穗不多,但是父母看到他这么懂事,已经非常欣慰了。

看到家里没有柴烧了,李四光就约上自己最要好的小伙伴,带着斧子和绳子,到大山里去砍柴。有一次,李四光和小伙伴们一起上山砍柴,由于山路很陡,路面也非常滑,李四光一不留神,摔了一跤,膝盖都磕破了,鲜血直流,别的小伙伴劝他不要再上山了,可是他不同意,还是坚持上山砍柴。

傍晚,李四光和小伙伴们每人背着一大捆柴回家了。母亲早早地站在村口迎接儿子。看见李四光一瘸一拐地回来了,母亲赶紧迎了上去。看到他膝盖上的伤口,母亲忍不住流下眼泪来,她说:"孩子,以后咱不去了,娘再也不让你上山砍柴了……"

谁知李四光却非常懂事地说:"娘,我一点儿都不疼,真的!再说,只要我累一点,娘就可以多歇一会儿呀!"

李四光不但是一个知道为家分担忧愁的好孩子,他还在学校里努力学习,取得了优异的成绩。长大之后,李四光成了一名优秀的地质工作者,经过 10 多年的野外考察,他彻底否定了外国权威专家的"中国贫油论"的观点,为我国的石油事业做出了卓越的贡献。

养成孝敬父母、关爱家人的习惯

特蕾莎修女的童年一度非常幸福。但是 9 岁那年,她经商的父亲突然遭人陷害,父亲的合伙人趁火打劫,侵占了父亲工厂的所有资产，家中一下子断绝了所有的经济来源，生活由小康陷入了拮据。在这种情况下，她的母亲——一位平凡而伟大的女性坚强地扛起了家中的重担，不久之后，她自己开了一间小店，以出售衣料、手工织毯和刺绣为主。

在母亲的苦心经营下，家里的日子渐渐好转。一度辍学的哥哥和姐姐又回到了学校念书。但相对来说，那还是一段很艰难的日子。修女家所在的小城斯科普里相当于现在的一些小镇，镇上的居民除了经商，还耕种一些田地，用来贴补家庭的开支。那时的修女已经非常懂事，她经常到田里帮忙，帮助母亲分担一些家中的劳动。田间的劳动是很艰苦的，但是修女并没有逃避和抱怨，相反，这段艰辛的经历不但培养了她勇于吃苦的品质，也培养了她面对艰苦时的耐心和韧性，让她日后有足够的力量面对工作中出现的巨大困难。

知道了修女小时候的故事，不知道你有哪些感触。其实，好习惯不是一天两天就能养成的，需要持之以恒。如果修女和李四光这些伟大之人的童年故事感动了你，你也想和他们一样养成孝敬父母、关爱家人的好习惯，那就尝试从下面的事情开始做起吧。

当父母询问你在校的情况时，要耐心解答，听从父母的正确教导，不要漫不经心或充耳不闻。因为你要明白父母的询问是出于关心你和爱护你，并不是一味地约束和监督。

当提出的要求得不到满足时，要体谅、了解父母的难处，而不是随意地发脾气或生闷气。

当父母生病时，要关心体贴父母，做好自己力所能及的事情，而不是对父母漠不关心。

当你做错事被父母批评时，要虚心接受并及时改正错误，而不是与父母争辩，硬说自己有理。

当被父母误会时，要和父母进行良好的沟通，消除他们对你的误解，而不是埋怨、争执，致使误会更深。

当你因事情耽误需要晚回家时，记得打电话给父母，让他们别为你担心。

当你庆祝自己的生日时，不要忘了是父母给了你生命，记得真诚地对他们说一声——爸妈，我爱你们！

记得父母的生日，不需要昂贵的生日礼物，一个深情的拥抱，就是给他们最好的祝福。

记得闲暇时间多陪父母聊聊天，而不是在游戏或网络的世界里流连忘返。

如果可能，帮妈妈刷刷筷子洗洗碗，帮爸爸捶捶后背揉揉肩。爱，很多时候就是一些容易被我们忽略的细节。

第五节　关爱家人从微笑开始

如果我们审视一下自己的家庭，我们就会发现，有时家人之间相互微笑也是很难的，但微笑正是爱的开端。

微笑是爱的开始

有一篇题目为《特蕾莎修女的回答》的短文讲到，特蕾莎修女经常会给人们提出一些意想不到的建议和忠告。有一次，一群美国人来到加尔各答拜访她，他们当中的大多数人是从事教育工作的。在访问的过程中，他们请她就如何与自己的家人相处提一些建议。

特蕾莎修女随口说道："对你的妻子微笑，对你丈夫微笑，对你的孩子微笑。"听了修女的回答，这群美国人感到非常吃惊，因为他们怎么也没有想到，这个一直困扰着他们的难题，竟会被他们眼前这位一直独身的修女用这么简单的几句话就解决了。

修女曾经在一次演讲中说过："也许我们这里的人们在物质上很充裕，

什么也不缺，但是我想，如果我们审视一下自己的家庭，我们就会发现，有时家人之间相互微笑也是很难的，但微笑正是爱的开端。"

其实，体贴家人、关爱家人就是对家人的"微笑"，就是对家人的爱。

关爱家人从点点滴滴开始

张磊原是哈尔滨三中的学生，后以630分的"托福"成绩被美国著名的米德尔伯里学院录取，现在在纽约华尔街全美排名第一的投资银行——高盛银行工作。

幼年的张磊很惹人喜欢，是爷爷奶奶的"掌上明珠"，是爸爸妈妈的希望所在。家人对她倾注了浓浓的爱。张磊在享受爱的温馨的同时，也培养起了对家人和对他人、对生活的美好感情，从接受大家的爱当中学会了爱大家，养成了关照老人的习惯。

每逢家人吃水果，张磊每次都是把大的给爷爷奶奶，自己留小的。有时爸爸妈妈给她买来小食品，她也主动让爷爷奶奶、爸爸妈妈尝一尝。每逢节假日家人聚餐时，她都等爷爷奶奶等长辈入座后才上桌。遇到好吃的东西，她也学着大人的样子，多往爷爷奶奶的碗里夹。

张磊很小的时候就很懂事。每逢节假日，爸爸妈妈常带着她去看姥爷、姥姥。在路上，她都尽量自己走，实在累了，才让爸爸妈妈背着走一段。当爸爸妈妈问她："等爸爸妈妈年龄大了，走不动时，你能背我们吗？"每次她都痛快地说："能！"一次去江边玩儿，爸爸妈妈累得全身出汗，她无论如何也不让他们背着她走，自己走得满脸通红，路上行人见了，都觉得这个小孩挺懂事儿，那时她还不到3岁。

从张磊的身上我们可以看出，关爱家人的习惯应该从小培养，时时刻刻想着为家人做一些事情，只要你细心培养自己的习惯，相信你也会做得和张磊一样，也会得到家人的更多关怀。对此，让我们记住特蕾莎修女说过的话，关爱家人从一个微笑开始，从生活中的点点滴滴开始，相信你会从中收获到更多的微笑、更多的喜悦和更多的爱。

第六节　母爱是世上最无私的爱

在所有贫穷的人中，比较起来，恐怕没有谁会比孤苦无依的孩子更贫穷、更无助的了，他们是真正的弱者，他们最需要爱与同情。

——特蕾莎修女

无私的母爱

人们常说："世上只有妈妈好，有妈的孩子像个宝，没妈的孩子像根草。"在加尔各答，弃婴的现象很普遍。在修女看来，即便是被抛弃的孩子，也是上帝所赐，他们也有生存的权利。

那些刚捡回来的婴孩，几乎个个都有着轻重不同的残障、疾病和营养不良，修女们必须细心地为他们洗澡、喂奶、喂药。除此之外，修女们还必须抱吻孩子，逗他们玩乐，引发他们的欢笑，让他们从身体到心灵都感受到母亲般的爱抚和温暖，即使他们肢体残疾，或是身上长满脓疮、疥癣。

不管有什么理由，一个修女都不能拒绝抱吻孩子，这是修女的规定。

因此，在儿童之家里，你永远看不到一张苦闷的脸，或是一张烦躁的脸，一个修女只要抱起一个孩子，无论那是一个什么样的孩子，她都会不由自主地欢笑。有的修女甚至能够同时抱起两三个孩子，亲亲这个，再亲亲那个。那种发自内心的爱怜和欢喜非常的美丽，也非常的感人。

记者简·古德温在采访儿童之家的时候，看到艾美修女抱起一个患严重疥癣并涂满药膏的男孩，一会儿用鼻子亲她，一会儿又用前额顶她，亲昵得不得了，就忍不住问："难道你不怕被传染吗？"结果艾美修女回答道："哦，如果你试试，就会发现，很快你就会克服被传染的恐惧，用不了多久，你就不会觉得他们与别的孩子有什么两样了。你只知道他们是孩子，而孩子是需要很多很多的爱的。"

修女本人也是一个非常喜欢孩子的人，只要一走进儿童之家，她就笑逐颜开了，不管当时她正在为什么事情烦恼着。她经常一手抱着一个婴儿，从这个房间走到那个房间，一边检查督导工作，一边欢喜地抱着亲吻孩子。

这些没有自我保护能力的孩子是特蕾莎修女最亲密的朋友，我们有足够的理由相信这一点。当她抱起一个初生的婴儿时，她眼神里流露出由衷的慈爱和怜惜；当她向人们展示怀中的孩子时，那掩饰不住的骄傲和喜悦，那神采飞扬的样子，都让人恍惚觉得，她就是那个孩子的亲生母亲。

是的，在这个世界上，只有母爱是最无私的。当修女从加尔各答的各个角落把那些弃婴捡拾到儿童之家的时候，当她耐心地给每一个孩子准备食物的时候，当她亲吻着每一个小小的面颊的时候，她就是孩子的母亲，而且还不只是一个孩子的母亲，而是成千上万个孩子的母亲，只有母亲才会对孩子奉献最真诚的爱，才会始终以微笑和慈爱的面庞来面对孩子……所以说，每个修女都是一位伟大的母亲，一位世界上最无私的母亲，而"修女"这个词语本身就是母亲的意思。特蕾莎修女的伟大之处就在于她把自己无私的爱给予了每一个需要母爱的孩子，尽管他们并不是自己的亲生孩子。

其实，每一位母亲无不对自己的孩子倾注了满腔的爱。这种爱有时候悄无声息，需要你细细地体会，才能感受它的深沉。

深刻去体会无私的母爱

一束鲜花——一束白色的栀子花，总会在她的每个生日被送到家里。花束里没有通常可见的留言卡；花店老板那里也查不出赠花人的姓名，因为这花是现金零售的。白色的栀子花依偎在柔和的粉红色的包装纸中，纯洁无瑕，芳香沁人，给人带来了无尽的愉悦。

她没法查明送花人的身份，然而没有一天不在猜想这位匿名者的形象。每一次想起这位也许是出于羞涩或是出于孤僻而不愿意透露自己真名实姓的神秘人士的时候，都是她最为幸福的时刻。

她的妈妈也为她的想象推波助澜。她多次询问，是不是我曾经为某人做过什么好事，而今他以这种方式表示他的谢意？会不会是那位她常常帮他卸车的开杂货店的邻居？会不会是哪位青年人怀有浪漫之想？她实在没法知道。而栀子花的芬芳与温馨却无时无刻不陪伴在她的身旁，让她真切地感觉到自己是可爱的，值得别人关心与爱。

她就是在这栀子花香中想象，在栀子花香中成长，一直到22 岁。这一年，妈妈过世了，生日里的栀子花也就是在这一年中断的。

妈妈过世以后，她才知道长久以来母亲对女儿的爱蕴藏在一束束生日里的白色栀子花中，让女儿在栀子花香中尽情地想象，在温馨的栀子花香中健康地成长。虽然她在生日时再也收不到栀子花，但那份母亲对女儿无私的爱却在她们心底永存。母亲的爱呀！是的，虽然她此时此刻永远失去了母亲，但是她曾经是世界上最幸福的女孩。

就在特蕾莎修女 9 岁那年，经商的父亲很突然地去世了。家里幸福快乐的生活也似乎被父亲带走了，修女和姐姐很长时间都不在家里唱歌、玩耍了。这天早晨，温暖的阳光刚刚照到窗前，母亲就把修女和哥哥姐姐们一起喊醒，然后把他们叫到身边，紧紧地握住他们的手，慈爱而坚定地说："这是件很可怕的悲剧，可是已经过去了。孩子们，你们的父亲一定希望我们多想想未来的日子，而不希望我们沉浸在失去他的悲痛里。我想我们现在更应该想办法维系这个家。孩子们，我有责任，你们也有责任。"

妈妈心态的转变给孩子们带来莫大的安慰。可是，事情说起来容易做起来难。父亲的合伙人很快就私吞了父亲营造厂的所有资产，使修女家一下子就没了经济来源，他们不得不将父亲在生意兴旺时购置的家产全部变卖掉。当满载着各种器具的马车缓缓离去时，修女的哥哥焦急地喊道："妈！"

但这时母亲却平静地对他说："别吵了，孩子们，这些东西不过是些身外之物罢了。"

这之后，除了一个仅有的栖身之处，他们就什么都没有了。

那是一段极度暗淡的日子，对于一些意志薄弱的人来说，简直就是绝境。

可是坚强的母亲和她的孩子们从未放弃希望，更没有放弃信仰。在最困难的时候，她总是对孩子们说："天助自助者！我们一定要自助，孩子们，为了上帝的缘故！"

过了不久，母亲就自己开了一间小店，以出售衣料、手工织毯和刺绣为主。

完全出乎众人的意料，小店的生意竟然很快就好了起来。就这样，辍学的修女和哥哥姐姐又可以继续上学了。母亲就这样以她的坚韧和聪慧保住了这个家，也保住了几个孩子的前程。

事实上，正是母亲的勤劳、聪慧和她乐观的心态让这个家庭又逐渐兴旺起来，她的声望也越来越高，甚至有些纺织厂的老板也常常来拜访她，请她就工厂的选料问题提出意见。这个家庭的生活也大致恢复到了父亲去世前的光景。

人们常说，亲情无价。母亲给我们的爱就是无私的、无价的。作为孩子，我们要时时刻刻去体会这种无私的母爱，体会母亲对我们的舐犊深情。无论走到哪里，心中都不能忘记母亲对我们的关怀。

第七节　家是人生难以割舍的牵挂

在特蕾莎修女看来，每个家庭都独一无二，不可分割。她为孩子们的父亲提供工作，帮助他们保持这个家庭的完整，因为她深知，家是人生难以割舍的牵挂。

家人之间斩不断的羁绊

家是什么？家是心休息的地方，是一个可以容下你的错误、你的兴奋、你的无奈、你的欢笑、你的眼泪，一个你不必戴面具的地方。家里的每一个人彼此相依，虽是家人，但更多时间像朋友。他们关心你时，真心实意；帮助你时，不求回报。总之，家人就是在你无理大发脾气之后依旧流露出关切的目光的人。一个有这样的人群的地方才能被称为家。

君君是深圳一家文化传播有限公司的总经理，她曾离异，现已再婚，又生了一个孩子。她和前夫育有一女一儿，女儿今年已21岁了，现在广州美术学院读书，马上就要念大学三年级。女儿从小是在老家由祖辈抚养长大，只有假期才来到深圳居住。君君一心扑在事业上，给女儿提供优越的物质生活，但由于和女儿沟通少，母女之间的感情一直存有隔阂。

"女儿看到我很冷漠，总是埋怨我没能给她一个完整的家，我一听就上火，跟她吵起来，她会马上对我说：'我恨你！'天啊！我听了这话伤心极了，我在深圳打拼，所做的一切都是为了她生活得更好，她怎么会不理解我呢？"君君说，她在创业初期，曾为了省4元的车费，天天在烈日下行走近两个小时去买菜，当时她唯一的精神支柱就是孩子，为了孩子什么苦都能吃。她没想到女儿长大了，却总是埋怨自己，这真不公平。

"女儿考上大学以后，我更担心，她在学校自己会不会照顾自己呢？在外边没有亲人没有朋友怎么办呢？"君君在女儿最初上大学的那段时间，曾因想女儿天天失眠。

为了修复母女的感情，君君在假期尝试着去亲近女儿，跟她沟通，跟她聊天，母女俩共同去上特训营的辅导课。"上完课后，我第一次意识到我这个母亲太不称职了。十几年来，都没有好好儿地关心过她，一直以为给她足够的钱就能代替母爱。我错了。"君君说。女儿也开始明白了妈妈的苦心，在课堂上拥抱着她哭起来，还说："我爱你！"

"过去女儿连我的手都没拉过，现在她居然抱着我说爱我，当时我的幸福的感觉真是难以用语言来形容。"君君哽咽着说。她拿出一个朋友转发的女儿发的短信给记者看，短信是这样写的："我妈妈就是这样，我看着心痛但又无法帮到她，她为什么要这么折磨自己，钱够花就行了……"君君含泪说："女儿真懂事！"

再过几天女儿就要去上学了，君君称经过心理调整后，她不会再像以前那样担心了。"但是，女儿是妈妈的心头肉，走到哪里我都会牵挂。"君君说。她会经常和女儿通电话，才能更放心。

君君通过有效的沟通，终于解开了和女儿多年的心结，其实母女俩一直都视对方为最重要的家人，即使她们曾经疏远过一阵子，却也时刻牵挂着对方，这就是家人之间斩不断的羁绊。

家是生命中的港湾

有一个男子带着三个孩子来找特蕾莎修女。原来，他的妻子最近生病过世了，他一个人没有能力抚养这三个孩子。这位男子跪在特蕾莎修女面前，泪流满面。他恳求特蕾莎修女收下他的两个幼小的孩子，然后他就带着 10 岁的大儿子去乞讨和流浪。因为他找不到一份足以糊口的工作。修女看着他们，心里无比悲伤，她知道他们并不是没有自尊，而是陷入了绝境。于是，她立即决定，不但收下他两个幼小的孩子，也收下了他的大儿子和他本人。修女把他只有两岁大的幼子送到了育婴堂；他的女儿和大儿子到了学习的年龄，理应去上学。至于这位男子，特蕾莎修女对他说："上帝安排你来到人间，是有他的用意的。"这位男子有些迷惘地看着修女，这时候修女微笑着说："你不要去流浪了，我们这里的育婴堂正缺少人手，如果你愿意的话，就来这里和我们一起劳动吧。"这个男子很高兴地答应了。随后修女就安排他去育婴堂做勤杂工，报酬是每天供给他与修女们一样的食物。

在特蕾莎修女看来，每个家庭都独一无二，不可分割。她为孩子们的父亲提供工作，帮助他们保持这个家庭的完整，因为她深知，家是人生难以割舍的牵挂。

幸福的家庭都是相似的，当你晚归时，有人为你守一盏灯；当你结束工作后，身心疲惫地回家时，有人为你倒一杯热茶；当你清贫时，有人和你共同度过，与你共创财富；当你感到寂寞时，有人给你带来欢乐；当你生病时，有人守候在你身旁……幸福的家是那样的温馨，那样的和谐，家里人互相关心，互相鼓励。关爱家人反过来说，就等于间接地照顾自己——这是家赐予人的一种神圣责任。因为每个幸福的家庭都充满着无私的爱，因为每个幸福的家庭里的人们都拥有和睦和健康的家人，因为家是我们最基本最亲密的生活空间，我们为温馨的家庭牵挂，而家人是对我们的身体和心情影响最大的人，每个家庭成员的健康彼此都息息相关，家是生命中最重要的一部分，是我们永远的港湾。

第 ❸ 章

"同情心具有永恒的价值"
——用怜悯照亮爱的生命

　　同情心是做人的根本，也是一种巨大的力量，如果一个人能够将自己的同情心发挥到淋漓尽致，那么这个世界上也许就能出现奇迹。在家人遭受痛苦的时候，我们所赋予的同情中，一定没有施舍的成分，一定不会以高高在上的姿态，这种同情完全是出于爱。特蕾莎修女一生都以这样的心态对待穷人。她尊重每一个个体的生命及在贫穷表面下的东西：尊严与关爱。这是我们青少年应该学习的地方。

第一节 怜悯是爱而不是施舍

关爱，就是在别人最困难的时候挺身而出，为他们提供最需要的帮助，而且在帮助的时候，不伤害他人的尊严。

关爱与尊严

在特蕾莎修女小时候所在的小城斯科普里，贫穷也随时可见，几乎每天都有穷人上门求乞。因此，她的母亲经常教导自己的 3 个孩子，无论什么时候，都不能失去爱和慷慨。对于上门行乞的穷人，母亲从不让他们空手离开，而且在施与的时候，她总是面带微笑，尽量亲切一些，生怕他们的自尊受损——毕竟没有人会喜欢那种被施舍的感觉。

有一天，母亲在街上遇见一位生了肿瘤的女人，但比身体的病痛更使她痛苦的是，她的家人没有一个愿意帮助她，他们甚至把她赶了出来，使她无处容身。母亲并不认识这个女人，但看见她这个样子，就深深地怜恤她、同情她。母亲对她说："那么，请到我家里去吧，让我来照顾你。"说着，她就真的把这个素不相识的女人带回了家。

"孩子们，我们有客人来了。"进门的时候母亲喊道。这句听起来平平常常的话却给了这个女人莫大的安慰，使她感到自己虽然这样不堪，却还是被尊重的。

在 3 个孩子的帮助下，母亲安慰这位可怜的女人，供她吃住，花钱为她治病，并在一些琐碎麻烦的事情上亲自照顾她，直到她康复。

离别的时刻到了，女人紧紧地拉住母亲的手，眼里噙满泪水，她哽咽着说："恩人，我该怎么报答您呢？"

而母亲只是简单地回答道："什么也不需要你做，好好儿保重自己，就是对我最好的报答。"

母亲的言行就这样潜移默化地影响着孩子的心灵。特蕾莎修女在日后为穷人服务的时候，也懂得了尊重是不可或缺的，爱是最重要的。穷人没有钱，没有社会地位，但并不是没有尊严。所以当你为穷人做一点事情的时候，首先应该让他感觉到你并不是在施舍，而是出于爱。

特蕾莎修女的母亲总是说，那些穷人是他们家的远房亲戚。当然，修女那时候就知道，所谓远房亲戚，不过是母亲为了保护那些穷人的自尊而随口编造的，他们家并没有那些亲戚。穷人饿了，不只是希望有一块面包，更希望有人关爱；穷人赤身露体，不只是需要你给他一块布，更需要你给他人所应有的尊严。母亲说那些没有晚饭的穷人是远房亲戚，而修女到过摩提吉之后，则干脆说："穷人就是我的家人。"

在家人遭受痛苦的时候，在我们所赋予的同情中，一定没有施舍的成分，一定不会以高高在上的姿态，这种同情完全是出于爱。特蕾莎修女一生都以这样的心态对待穷人。她尊重每一个个体的生命及在贫穷表面下的东西：尊严与关爱。这是我们青少年应该学习的地方。

关爱要建立在尊重的前提下

一座城市来了一个马戏团。有5个孩子穿着漂亮的衣服，牵着父母的手排在队伍中等候买票。他们不停地谈论着上演的节目，一个个兴高采烈，好像已经看到了台上的表演似的。

终于轮到他们了，售票员问要多少张票，父亲小心地回答："请给我5张小孩的和2张大人的。"

售票员说出了价格。

母亲的心颤了一下，转过头把脸垂了下来。父亲咬了咬唇，又问："你刚才说的是多少钱？"

售票员又报了一次价。

父亲眼里透着痛苦，他实在不忍心告诉他身旁兴高采烈的孩子们："我们的钱不够！"

一位排队买票的男士目睹了这一切。他悄悄地把手伸进口袋，把一张20元的钞票拉出来，让它掉在地上。然后，他蹲下去，捡起钞票，拍拍那个父亲的肩膀说："对不起，先生，你掉了钱。"

父亲回过头，明白了原因。他眼眶一热，紧紧地握住男士的手，感谢这位男士在自己无助、窘迫的时刻帮了忙："谢谢，先生。这对我和我的家庭意义重大。"

所谓关爱，就是在别人最困难的时候挺身而出，为他们提供最需要的帮助，而且在帮助的时候，不伤害他人的尊严。对于故事中的父亲来说，关爱就是不让他在孩子们面前失掉"伟大父亲"的光环。

没有人喜欢被施舍，中国古代就有"不食嗟来之食"的名言。其实历朝历代的人都是如此，现代人也不例外，或许你的同学中就有家境贫寒的人，他需要你呵护尊严的帮助，假如你以一种居高临下的态度送给他玩具或者请他吃东西，他的心灵一定会受到伤害。所以，希望你能够小心翼翼地避免这种行为。

如果有人问同情心到底是什么，下面的这个故事就是答案。

有一次，阿根廷著名的高尔夫球手罗伯特·德·温森多赢得了一场锦标赛，捧得了金灿灿的奖杯。领到支票后，他微笑着从记者的重围中出来，到停车场准备回俱乐部。这时候，一个年轻的、愁容满面的女子向他走来，她向温森多表示祝贺后，就说起她可怜的孩子病得很重——也许会死掉，而她却无论如何也付不起昂贵的医药费和住院费。

温森多被她的讲述深深地打动了。他二话没说，掏出笔在刚赢得的支票上飞快地签了名，然后塞给那个女子。

"这是这次比赛的奖金，足够付得起孩子的医药费和住院费。祝可怜的孩子好运。"他说道。

一个星期后，温森多正在一家俱乐部进食午餐，一位职业高尔夫球联合会的官员走过来，问他一周前是不是遇到一位自称孩子病得很重的年轻女子。

"是停车场的孩子们告诉我的。"官员说。

温森多点了点头。

"哦，对你来说这是个坏消息，"官员说道，"那个女人是个骗子，她根本就没有什么病得很重的孩子，她甚至还没有结婚哩！温森多，你让人给骗了！我的朋友。"

"你是说根本就没有一个小孩子病得快死了？"

"是这样的，根本就没有。"官员答道。

温森多长吁了一口气："这真是我一个星期来听到的最好的消息。"

最好的消息是什么呢？每个人的标准和答案都不尽相同。

尽管奖金不再属于自己，但如果能够挽救一个孩子，也是值得的。这应该是温森多当初所想。然而，获知被骗后，他想到的却不是自己的钱没有派上用场，而是孩子的生命没有遭受过危险，这位高尔夫球冠军的胸襟与心地由此可见一斑。

当然了，在现实中，我们还是要学会明辨是非，谨防上当受骗，但是我们也许有必要学习这种精神：在一个生命的安全与自己是否上当之间，永远在第一时间关心前者，这就是同情的真正含义，它是一种爱，不是施舍。

第二节　同情的光明可以照亮苦难

同情心是做人的根本，也是一种巨大的力量，如果一个人能够将自己的同情心发挥得淋漓尽致，那么这个世界上也许就能出现奇迹。

同情心是做人的根本

在特蕾莎修女生活的时代，摩提吉是加尔各答最最糟糕的一个贫民窟。

在孟加拉语里，摩提吉就是珍珠湖的意思。但没有到过那里的人不会想到，摩提吉当时并不是一个美丽的地方，相反，那里有一个散发着异味的池塘，所谓珍珠湖，大概就是由此而来。这里没有自来水，人们饮用和洗涤用的都是这个池子里的水。孩子们若要玩水，也是在这个池子里。

在离池塘不远的地方，有一个巨大的垃圾堆。摩提吉的人们就靠这个垃圾堆过日子，垃圾是摩提吉不可分割的一部分，也是摩提吉人赖以生存的唯一资源。

特蕾莎修女来到了这里。这一天，她走到一排破破烂烂的房屋前，这些房屋都是用一些铁皮、茅草和竹子随随便便搭建而成，也许根本就不能把这些用废品连缀而成的堆积物叫作房屋，但摩提吉人世世代代都住在里面。有一些妇女和老人坐在门口，特蕾莎修女对他们说："你们好，我叫特蕾莎，是天主教的一个修女，我跟你们一样穷，但我可以教你们的小孩读书，希望你们能够帮助我。"

就这样，特蕾莎修女每天来这里帮助穷人，照顾病人、穷人和孩子，为他们提供最基本的清洁用具，传授他们健康的知识，让这里逐渐变得整洁明亮，让人们更加健康。

摩提吉本是一块充满苦难和贫瘠的土地，但是特蕾莎修女的到来为这片土地带来了光亮，归根到底，这是特蕾莎修女的同情心发生作用的结果。

同情心是做人的根本，也是一种巨大的力量，如果一个人能够将自己的同情心发挥得淋漓尽致，那么这个世界上也许就能出现奇迹。下面这个罗马时代的故事为此做出了最好的注解。

同情心体现了我们生命的意义

从前，在罗马，有一个贫穷的奴隶，名叫安德鲁克里斯。他的主人是一个残酷的人，对他很不友善，以致安德鲁克里斯最终逃走了。

他在一处原始森林里躲了好多天，找不到任何食物，他一天比一天瘦弱。他想，他活不了多久了。于是，有一天，他爬进了一个山洞，在里面躺了下来，不久，他就睡着了。

过了一会儿，他被一阵很大的声音吵醒了。一只狮子来到了他的洞里，大声地吼叫着。安德鲁克里斯怕极了，他想，狮子肯定会把他吃掉的。但是，不久他就发现，狮子不仅没有吃他，而且还一瘸一瘸的，腿好像受了伤。

于是，安德鲁克里斯壮起胆子，抓住了狮子受伤的那只爪子，看看究竟发生了什么事。狮子静静地站着，用它的头蹭着安德鲁克里斯的肩膀，它好像在说："我知道你会帮助我的。"

安德鲁克里斯把狮子的爪子抬了起来，看到有一根长长的尖刺刺在里面，它伤得不轻。他用两根指头抓住刺的一头，快速、用力地把刺拔了出来。狮子开心极了，像狗一样跳了起来，用舌头舔着它新朋友的手和脚。

现在，安德鲁克里斯已不怎么害怕了。夜晚来临的时候，他和狮子一起背靠背地睡在了洞里。

在很长的一段时间里，狮子每天都给安德鲁克里斯带来食物，他们俩成了亲密无间的好朋友，安德鲁克里斯发现自己的新伙伴是一个非常令人快乐的家伙。

一天，一队士兵经过这片森林，发现了躲在洞里的安德鲁克里斯。他们知道他是什么人，便把他抓回罗马去了。

那时候的法律规定，任何一个从主子那儿逃走的奴隶都必须与一只饥饿的狮子决斗。他们把一只狮子关了起来，不给它吃一点东西，并定好了决斗的时间。

决斗那天来到了，成千上万人聚集过来，一起来看热闹。

门开了，可怜的安德鲁克里斯被带了进来。他几乎快被吓死了，因为他已能隐隐约约地听到了狮子的吼声。他抬头向四周看看，成千上万个人的脸上没有一丝同情的表情。狮子冲进来了，它一个跨步就跳到了这位可怜的奴隶面前。安德鲁克里斯大叫一声，不过不是因为害怕，而是高兴。因为那只狮子正是他的老朋友——那只山洞里的狮子。

等待着看狮子吃人好戏的观众充满了好奇。他们看到安德鲁克里斯双手抱着狮子的脖子，狮子则躺在他的脚下，深情地舔着他的双脚。他们看到那头庞大的野兽用头蹭着奴隶的头，那么的亲密无间。他们不明白究竟是怎么一回事。

过了一会儿，他们要求安德鲁克里斯向他们解释事情的原委。于是，安德鲁克里斯双手抱着狮子的头，站在这些人的前面，向他们讲述了他和狮子一起在洞里生活的故事。

"我是一个人，"他说，"但从来没有人像朋友一样对待过我。只有这只可怜的狮子对我好，我们像亲兄弟一样相亲相爱。"

周围的人还不是很坏，这时候，他们已不能再对这位可怜的奴隶下狠心了。"给他放生，让他自由！"他们喊着，"给他放生，让他自由！"

另外还有人喊："也给狮子自由！把他们都放了！"

就这样，安德鲁克里斯获得了自由，狮子也随他一起获得了自由。他们一起在罗马住了很多年。

奴隶安德鲁克里斯身处困境，忍受着残酷的待遇，仍不忘对一头凶猛的狮子表示同情，他最终赢得了意外的回报。

诗人埃米利·迪金森提醒我们，同情之心增加了我们生命的意义。他在诗中曾这样吟咏：

如果我能让一颗心免于破碎

我就没有白活

如果我能为一个痛苦的生命带去抚慰

减轻他的伤痛和烦恼

或让一只弱小的知更鸟

回到自己的鸟巢

我就没有白活

也许我们今天生活在宽敞明亮的教室里，吃着可口的饭菜，穿着光鲜美丽的衣服，所以觉得苦难离我们很遥远，但是事实真的如此吗？"天有不测风云"，没有人能预测明天会有什么样的事，如果今天我们不去同情和帮助别人，那么明天当我们处在困难甚至是苦难之中的时候，谁来帮我们呢？

第三节　饥渴和孤独同样都需要关爱

世界上有许多人渴望着一小块面包，却有更多的人渴望着一点点的爱，西方世界的贫穷是一种不一样的贫穷——不仅因为孤寂而贫穷，也因为心灵的贫乏和精神的困顿而贫穷。

关注精神饥饿的人

20 世纪 90 年代之后，人们的物质生活开始好转，但是心理疾病却像洪水猛兽一样袭来，无论哪个年龄段，都有人受到这方面的困扰。所以说，贫穷和饥饿有两种，一种是物质的，一种是精神的。

　　如果你能够对路边的乞丐、灾区的儿童、上不起学的孩子充满同情，同时，也不要忘记了那些儿女长期不在身边的老人，那些朋友不多性格孤僻的人，他们的内心也可能有一种饥饿，这种饥饿也应该在同情心的"管辖范围"之内。

　　特蕾莎修女充分地认识到了这个问题，她的眼光并没有停留在贫民窟和身边重病的人群中，当她把目光转向西方世界时，她发现在纽约、伦敦等世界知名的发达城市，生活在那里的富人，他们的生活并不快乐，物质上的富足并不能给他们带来真正意义上的幸福，他们的内心有极强的孤独感和饥饿感。在那里，有很多生活丰足的人把自己关在舒适的住宅里，和外界完全隔绝，到死也无人知晓。有的人在死后几天，甚至是几星期后，才被漠然的邻居发现，因为尸体腐烂的臭味使他们无法安生。

　　特蕾莎修女说："这是贫穷的另一景象。"慕尼黑的仁爱传教会曾经接到过一个奇特的求助电话，电话是一对老年夫妇打来的，他们说："我们只是渴望听见人的声音，只要是人声就好。"其实，这对老年夫妇非常富有，可是也非常寂寞。尽管他们有几个孩子，但没有一个孩子愿意陪伴他们。于是双眼半盲的老人在快要绝望的时候给仁爱传教会打了这么一个电话，请求传教会派修女去看望他们。

　　在纽约，有一回，修女们去探访一户人家时，发现住在里面的妇人已经死去多日，而左邻右舍连她的姓名都不知晓。

　　对此，特蕾莎修女说："世界上有许多人渴望着一小块面包，却有更多的人渴望着一点点的爱，西方世界的贫穷是一种不一样的贫穷——不仅因为孤寂而贫穷，也因为心灵的贫乏和精神的困顿而贫穷。"修女接着说："我们从而明白，被人抛弃才是最严重的疾病，这才是当今世界中我们四周出现的真正贫困。"

　　长期在英国工作的泰瑞西纳修女说："有的人简直不知道和什么人接触。"砖墙之后有许多寂寞的灵魂亟须安慰。因此，修女们不但在伦敦和利物浦为露宿街头的流浪者提供热食，也为深居在破陋公寓里的穷人寻觅暖炉和家具，更会千方百计地去找寻那些心灵寂寞者以及那些被人群和社会所遗忘的人，通过访问和其他能使他们接受的方式，把他们带回人间，比如举办短程旅游之类的活动等。

帮助别人会获得心灵的快乐

下面是守墓人亲身经历的故事。

　　每周守墓人都会收到一位素不相识的妇人来信，信中附着钞票，要他每周帮她给她的儿子的墓地放束鲜花，这样的状况持续了很多年。

　　后来有一天，他们见面了。那天，一辆小车开来停在公墓大门口，司机匆匆来到守墓人的小屋，说："夫人在门口车上，她病得走不动，请你去一下。"

　　一位上了年纪的妇人坐在车上，姿态有几分高贵，但眼神哀伤，毫无光彩。她怀抱着一大束鲜花。

　　"我就是鲁比夫人。"她说，"这几年我每个礼拜给你寄钱……"

　　"买花。"守墓人答道。

　　"对，给我儿子。"

　　"我一次也没忘了放花，夫人。"

　　"今天我亲自来，"鲁比夫人温存地说，"因为医生说我活不了几个礼拜。死了倒好，活着也没意思了。我只是想再看一眼我儿子，亲手来放一些花。"

　　守墓人眨着眼睛，苦笑了一下，决定再讲几句："我说，夫人，这几年您常寄钱来买花，我总觉得可惜。"

　　"可惜？"

　　"鲜花搁在那儿，几天就干了。没人闻，没人看，太可惜了！"

　　"你真的这么想的？"

　　"是的，夫人，您别见怪。我是想起自己常去的敬老院，那儿的人可爱花了。他们爱看花，爱闻花。那儿都是活人，可这儿墓里哪个活着？"

老夫人没有作声。她只是小坐一会儿，默默地祷告了一阵，没留话便走了。守墓人后悔自己的一番话太直率、太欠考虑，这会使她受不了。

可是几个月后，这位老妇人又忽然来访，把守墓人惊得目瞪口呆，因为，她这回是自己开车来的。

老妇人微笑着，显得很开心："我把花送给那里的人们了。他们看到花是那么开心，这真让我感到快乐！我的病也因此好转了，医生都不明白怎么回事，可是我自己明白。"

守墓人治好了老妇人的病，而这种病曾经是连医生都无计可施的，这是多么神奇的现象啊！鲜花是世间美的使者，美丽的鲜花盛开在需要关爱的地方，更会令整个世界都充盈着善意的关怀和爱的感动。其实，使这个世界美丽的是一颗颗善良的心灵。

或许我们的身边并不存在心灵极度空虚的人，毕竟青春本身就是一种美丽的存在，但是，我们的生活中可能有一些有烦恼的同学、有心事的朋友、不快乐的老师、郁郁寡欢的老人……他们都可以成为我们帮助的对象。如果我们分担他们的痛苦，就是在另一个意义上消除了他们精神上的饥饿感，这种帮助的意义并不比特蕾莎修女帮助穷人的意义少一分一毫，那么，为什么不从今天开始，马上行动呢？

第四节　冷漠是世界上最严重的疾病

今日世界上最严重的疾病并不是肺结核和麻风病，而是被讨厌、被忽视和被遗弃的感觉。当代最大的罪恶不是别的什么，而是缺少爱与慈善，是对街角正遭受痛苦、贫乏、疾病伤害的人们所表现出的可怕的冷漠。

——特蕾莎修女

冷漠让人远离关爱

生在 20 世纪末的青少年们，虽然现在还待在美丽的校园里，还不曾踏入社会，可是却早已经被残酷的竞争、社会的优胜劣汰、普通人生存的艰难所投下的浓重阴影所覆盖，于是渐渐变得极为聪明、敏感，富于竞争，比任何一个年代的人都想要出人头地，可是，却在无形中变得焦虑、多疑，以自我为中心。我们普遍的自私心理和责任感的缺失，使我们对他人、对社会越来越冷漠，在不知不觉中远离了关爱。

很多明星在荧屏上的"酷"形象也在影响着我们，我们以为这就是个性、潇洒，这就是特立独行，然而，我们可能忽略了，这种"酷"的背后潜藏着一种冷漠。它让"冷美人""酷公子"泛滥于世，让他们常常以一副不以为然的眼光打量世界，不去帮助别人，也拒绝别人的帮助。

据报纸上报道，有一个中学举行阶段性考试，班级总是考第一的学生却没来，老师说他的爷爷死了，全班一片欢呼，因为他当教授的爷爷死了，这次他肯定不是第一了，以后也很难当第一了……

看完报道后，每个人的心都会在瞬间变得冰凉，我们内心的冷漠已经膨胀到这种程度了吗？我们要把自己的快乐建立在别人的痛苦之上吗？

特蕾莎修女曾说过这样一句箴言："今日世界上最严重的疾病并不是肺结核和麻风病，而是被讨厌、被忽视和被遗弃的感觉。当代最大的罪恶不是别的什么，而是缺少爱与慈善，是对街角正遭受痛苦、贫乏、疾病伤害的人们所表现出的可怕的冷漠。"

需要补充的是，她是在 20 世纪中叶前后印度的麻风病正在肆虐的情形下说出这番话的，据统计，特蕾莎修女工作的加尔各答，大概就有

8 万名麻风病患者。比这个数字更触目惊心的是大多数印度人对待麻风病人的态度：当时，染上了麻风病的人，不论他是何种职业、身份的人，都将立刻像垃圾一样被丢弃，因为人们害怕被传染，也怕见到病人发病时全身溃烂的怪异可怕的样子，所以，病人都成了卑贱的个体，他们被赶出家门，被社会歧视，不得不流浪到荒郊野外去等死。

然而，生病不是他们的错。这些抛弃他人的人虽然身体没有染上麻风，但有可能心里长了"麻风"——冷漠。而冷漠才是这个世界上最糟糕、最可怕的一种疾病。

大方地向他人伸出双手

内心的冷漠正是由爱心的缺乏和萎缩引起的，至于它所带来的后果，在下面的试验中得到了充分的验证。

这个有趣的实验是这样的：美国心理学家为从动物实验中获得有关爱的人类行为的线索，为幼猴设计了 5 种人造母猴，观察"母亲"的拒绝会在幼猴的身上引起怎样的反应。第 1 种偶尔用压缩空气吹幼猴；第 2 种会猛烈晃动，致使幼猴无法爬到"母亲"身上；第 3 种装有弹簧，能将幼猴弹开；而第 4 种"母亲"的身上居然布满了铁钉。但这 4 种"母亲"都未能将幼猴从身边赶开，唯独第 5 种体内灌有冰水的"母猴"使幼猴躲在墙角，并永久地拒绝了母亲。

所以，如果你有一天感到身边的人都不愿意和你接近，那么就应该反思一下自己了，也许冷漠才是造成自己孤独的原因。

以下是刻于美国波士顿犹太人被屠杀纪念碑上面的一段话：

起初他们追杀共产主义者，我不是共产主义者，我不说话；接着他们追杀犹太人，我不是犹太人，我不说话；此后他们追杀工会成员，我不是工会成员，我继续不说话；再后来他们追杀天主教徒，我不是天主教徒，我还是不说话；最后，他们奔我而来，再也没有人站起来为我说话了。

其实，在青少年时期，人的思想和观念还没有完全定型，如果说我们的行为中出现了冷漠的影子，这并不全是我们自己的错，社会环境的影响也不容忽视，我们所能做的就是从今天开始大方地向他人伸出双手，奉献关爱和同情，同时浇退那些本不属于我们的冷漠。

第五节　耐心是辅佐同情心的伙伴

美德的践行自然有一定的难度，需要人具备一定的品质和心理素质，假如每个人都能很轻易地拥有美德，那美德就不会显得像现在这样高尚了。

关爱需要耐心的辅佐

有一次，特蕾莎修女看到街边有个老妇人，裹在一块破布里，已经病得奄奄一息了，她的身上爬满了老鼠和蟑螂，这些可恶的生物在啃咬她，可是这位可怜的妇人好像已经丧失了知觉。与特蕾莎修女随行的修女们看到这种情景，纷纷往她的身后躲。

特蕾莎修女蹲了下来，她摸了摸老人的脸。老人这才勉强睁开了一只眼睛，虚弱地说："帮帮我。"

特蕾莎修女马上回答："你放心，我会照顾你的。"

随后，特蕾莎修女找人借了辆手推车，用最快的速度把老人送到了一家政府开办的免费医院。

但医院拒绝接收这位可怜的老人。医生说："医院太挤了，已经没有空间了，用珍贵的资源来救一个垂死者，是一种浪费。"

特蕾莎修女没有想到会面对这样的情形，她对医生说："她也是人啊！"

医生回答说："但我们无能为力。"

特蕾莎修女恳求道："她和别人一样，也是上帝的子民啊。"

医生耸了耸肩膀，说："我非常了解你的感受，修女，但我也没有办法。"说完转身就走。

特蕾莎修女对着医生的背影着急地喊道："那她怎么办？难道我们就这样眼睁睁地看着她死去吗？"

医生停下脚步，转过身来无可奈何地对特蕾莎修女说："送她去别的医院试试吧，我也不知道。"

但车主拒绝再借车给特蕾莎修女，他非常不耐烦地说他还有别的事情要办。

这时，天空响起了隆隆的雷声，眼看就要下暴雨了。特蕾莎修女忙叫其他修女带着学生们先回去，然后，她弯腰把老人抱了起来。

要知道，那是一个非常非常脏的老人，全身都是污垢，而且散发着难闻的气味——而且就快死了。要抱起这样一个人，不但需要爱心，更需要勇气、意志和力量。

大雨哗啦啦地下起来。特蕾莎修女把老人抱在怀里，轻轻地摇晃着她，轻轻地拍打着她，嘴里还不停地温柔地说着："没事了，没事了，不要怕。"她就像一位慈祥的母亲爱抚着怀中的小婴儿那样。

其间，值班的护士几次走过来要特蕾莎修女走开，因为她抱着一个这样污秽的人站在医院门口，令一些人感到不快，但特蕾莎修女像没听见似的，继续站在那里。后来，医院终于被特蕾莎修女的行为所打动，收下了这个奄奄一息的老人。

这件事使特蕾莎修女想起母亲多年前说过的一句话："做善事不能焦躁，要有耐心。"

这一经历使特蕾莎修女明白，走进贫民窟为穷人中的最贫困者服务并不是一件容易的事，仅仅有爱与热情是不够的，还要有极大的耐心、勇气、顽强的个人意志以及对贫困的了解、接纳与习惯。

的确如此，美德的践行自然有一定的难度，需要人具备一定的品质和心理素质，假如每个人都能很轻易地拥有美德，那美德就不会显得像现在这样高尚了。

让同情心生根发芽

在每一件事情中贯彻自己的美德都需要付出很多代价，就拿同情来说，一个急躁、懦弱、容易半途而废的人是很难让自己的同情心真正发挥作用的。

有这样一个小故事：

一个矿工在工地干活时发生了意外，被上面施工的石灰板砸中头部，当场死亡。由于他是临时工，所以包工头只给了一笔少得可怜的抚恤金，就不再过问矿工妻儿的生活。

悲伤的妻子在经历了丧夫之痛后感受到的是来自生活上的压力。她没有一技之长，只好收拾行装准备回到那个闭塞的小山村去。这时矿工的队长找到了她，告诉她说矿工们都不爱吃矿上食堂做的早饭，建议她在矿上支个摊儿，卖些早点，这足够她维持生计。矿工妻子想了一想，便点头答应了。

于是一辆平板车在矿上支了起来，早点摊儿就开张了。8毛钱一碗的豆腐脑热气腾腾，开张第一天一下就来了12个人。随着时间的推移，吃豆腐脑的人越来越多，最多时可达20～30人，最少时也从未少过12个人，而且风霜雨雪从不间断。

时间一长，很多矿工的妻子都发现自己的丈夫养成了一个雷打不动的习惯：每天下井之前必须吃上一碗豆腐脑。妻子们百般猜疑，甚至采用跟踪、质问等方法来一探究竟，结果都一无所获。

甚至有的妻子故意做好早饭给丈夫吃，却发现丈夫仍然到早点摊儿吃上一碗豆腐脑。妻子们百思不得其解。

直到有一天，队长刨煤时被哑炮炸成重伤。弥留之际，他对妻子说："我死以后，你一定要代替我每天去吃一碗豆腐脑。这是我们队 12 个兄弟的约定。自己的兄弟死了，他的老婆孩子咱们不帮谁帮？"

从此之后每天的清晨，在众多吃豆腐脑的人群中，又多了一位女人的身影。来去匆匆的人流不断，而时光变换之间唯一不变的是不多不少的 12 个人。

时光飞逝，当年矿工的儿子已长大成人，而他饱经苦难的母亲两鬓斑白，却仍然用真诚的微笑面对每一个前来吃豆腐脑的人。那是发自内心的真诚和善良。

更重要的是，前来光临早点摊儿的人，虽然年轻的代替了年老的，女人代替了男人，但从未少过 12 个人。穿透十几年岁月沧桑，依然闪亮的是 12 颗金灿灿的爱心。

让人有一瞬间的同情很容易，因为人的恻隐之心很容易被牵动，但是怎样让这种同情心在自己的内心生根发芽，长久地存在并发挥作用，这是一个值得思考的问题。12 位矿工用他们的行动向人们展现了这样一个事实：世间确实有一种同情可以抵达永远。12 颗金灿灿的爱心不仅承载着一个秘密，更托起了一个永恒的希望。

第六节　爱和同情可以拯救迷途的人

这个世界上没有纯粹的恶魔，无论多坏的人，内心深处都有积极向上的一面，同情他、帮助他，更可能唤醒恶者的善心，帮助他洗心革面。

要有天使一样的胸怀

从前，有一个心肠很坏的农妇死了，她生前从未做过一件好事，鬼把她抓去，扔在火海里。

守护她的天使站在那儿，心想：我得想出她的一件善行，好去对上帝说好话。

天使想啊想，终于回忆起来，就对上帝说："她曾在菜园里拔过一根葱，施舍给一个女乞丐。"

上帝说："你就拿那根葱，到火海边去伸给她，让她抓住，拉她上来。如果能从火海里拉上来，就让她到天堂去。"

天使跑到农妇那里，把一根葱伸给她，对她说："喂，你抓住了，等我拉你上来。"

天使开始小心地拉她，这位农妇就被拉上来了。

同情本身是一件美好的事，就像这位天使所做的一样，帮助受苦的人脱离苦海，也许被同情、被帮助的人可能是不完美的，就像这位农妇一样，她生前做了许多的坏事，她的灵魂可能是丑陋甚至不堪的，但是我们也应该拥有像天使这样的心胸，无论他做了多少恶事，找到他所做的善事，然后以善事的名义，相信他的良心还没有泯灭，为他寻找被帮助的理由。这是具有同情心的人应该具有的本分。

特蕾莎修女就是这样做的。她一生帮助过的人有各种各样的，当她在阴沟里、肮脏的街道上和角落里找到一些病人、穷人、垂死者时，她没有时间和精力去调查这个人以前做了多少好事和坏事，也无暇顾及他的心底是否纯粹良善，她所能做的只是同情其现有的悲惨处境，帮助他过得好一点。

同情就是这样的。况且，这个世界上没有纯粹的恶魔，无论多坏的人，内心深处都有积极向上的一面，同情他、帮助他，更可能唤醒恶者的善心，帮助他洗心革面。

用同情和爱唤醒一个人的心灵

小提琴演奏家艾德蒙先生曾经历了这样一件事：

有一天，当他走进自己家门的时候，听到楼上卧室里有人在摆弄小提琴，这种声音对他来说太熟悉了。

"有小偷！"艾德蒙先生急忙冲上楼，果然，一个大约 13 岁的陌生少年正在那里摆弄小提琴。他头发蓬乱，脸庞瘦削，不合身的外套里面好像塞了某些东西，毋庸置疑，他是一个小偷。艾德蒙先生用自己的身体堵住了门口。

这时，艾德蒙先生看见少年的眼里充满了惊慌、畏惧和绝望，那是一种非常熟悉的眼神。刹那间，艾德蒙先生想起了往事……愤怒的表情顿时被微笑所代替，他问道："你是丹尼斯先生的外甥琼吗？我是他的管家。前两天，丹尼斯先生说你要来，没想到来得这么快！"

那个少年先是一愣，但很快就回答说："我舅舅出门了吗？我想先出去转转，待会儿再回来。"艾德蒙先生点点头，然后问那位正准备将小提琴放下的少年："你也喜欢拉小提琴吗？"

"是的，但拉得不好。"少年回答。

"那为什么不拿着琴去练习一下？我想丹尼斯先生听到你的琴声一定觉得很高兴。"他语气平缓地说。少年疑惑地望了他一眼，但还是拿起了小提琴。

临出客厅时，少年突然看见墙上挂着一张艾德蒙先生在歌德大剧院演出的巨幅彩照，身体猛然抖了一下，然后头也不回地跑远了。

艾德蒙先生确信那位少年已经明白是怎么回事，因为没有哪一位主人会用管家的照片来装饰客厅。

那天黄昏，回到家的艾德蒙太太察觉到异常，忍不住问道："亲爱的，你心爱的小提琴坏了吗？"

"哦，没有，我把它送人了。"艾德蒙先生缓缓地说道。

"送人？怎么可能！你把它当成了你生命中不可缺少的一部

分。"艾德蒙太太有些不相信。

"亲爱的，你说得没错。但假如它能够拯救一个迷途的灵魂，我甘愿这样做。"见妻子并不理解他说的话，他就把经过告诉了她，然后问道："你觉得这么做有什么不对吗？""你是对的，希望你的行为真的能对这个孩子有所帮助。"妻子说。

3年后，在一次音乐大赛中，艾德蒙先生应邀担任决赛评委。最后，一位叫里奇的小提琴选手凭借雄厚的实力夺得了第一名。评判时，他一直觉得对里奇有种似曾相识的感觉，但又想不起在哪里见过。

颁奖大会结束后，里奇拿着一只小提琴匣子跑到艾德蒙先生的面前，脸色绯红地问："艾德蒙先生，您还记得我吗？"艾德蒙先生摇摇头。

"您曾经送过我一把小提琴，我珍藏着，一直到了今天！"里奇激动得热泪盈眶，"那时候，几乎每一个人都把我当成垃圾，我也以为自己彻底完了，但是您让我在贫穷和苦难中重新拾起了自尊，心中再次燃起了改变逆境的熊熊烈火！今天，我可以无愧地将这把小提琴还给您了……"

里奇含泪打开琴匣，艾德蒙先生一眼瞥见自己那把心爱的小提琴正静静地躺在里面。他走上前紧紧地搂住了里奇，3年前的那一幕顿时重现在艾德蒙先生的眼前，原来他就是"丹尼斯先生的外甥琼"！艾德蒙先生眼眶湿润了，少年没有让他失望。

爱和同情可以拯救一个迷途的灵魂，它能够唤醒一个人内心全部的希望和力量，它可以让一个因为贫困而挣扎在犯罪边缘的小男孩感受到平等的尊重，最后迷途知返，创造非凡的成绩。

一件微不足道的小事，一次不经意的善举，都可以改变一个人的命运。在别人最需要的时候，一声问候，一句话，甚至一个同情的眼神，都可以带给别人极大的关怀。所以，请不要忽视身边的小事，在点滴之中付出你的爱心，从身边小事给别人以关怀，你就会成为一个善良而富有爱心的人。

第七节　利己主义的心装不下同情

假如一个人只想着自己，整个心灵和头脑被"我"占得满满，那么他就无暇顾及他人了，这样的人就是自私的，他的生命中不存在难以替代的意义和价值。

心灵和头脑不要被私欲占满

爱因斯坦曾说："对我来说，生命的意义在于设身处地地为他人着想，忧他人之忧，乐他人之乐。"

假如一个人只想着自己，整个心灵和头脑被"我"占得满满，那么他就无暇顾及他人了，这样的人就是自私的，他的生命中不存在难以替代的意义和价值。

"今天，我一定要断然拒绝他们的要求。"出门之前，卡尔森太太在心里对自己这么说。

天下着很大的雨，到处都是水。卡尔森太太之所以冒雨出门，是为了把眼前这件事尽快处理完。

卡尔森太太平时以乐善好施而出名。她经常捐东西给遭到天灾人祸的人，或买很多衣料送给本市的贫民。可是，这一次的事性质大不相同，使她无法像平时那样爽快答应。虽然是为贫苦无依的孤儿们着想，但要她捐出祖传的土地来建造孤儿院，她实在无法同意。她对世世代代传下来的那片土地有无限的感情，何况，她年纪已大，此后生活的主要收入就靠那块土地。这是跟她此后的生活有直接关系的事。说得严重一点，若失去这一块土地，她的生活马上就要受到影响。

"不管对方如何恳求，也不能起一丁点同情心，否则……"想着，想着，卡尔森太太的脚步越来越快了。

雨越来越大，风也吹得更起劲了。不久，她到了目的地。她推开大门，走进去。由于是个大雨天，走廊上到处湿湿的。她在门口寻找拖鞋穿。

"请进！"这时候，随着一个甜美的声音，女办事员玛丽笑容可掬地站在了卡尔森太太面前。玛丽看到地板上没有拖鞋了，立刻毫不犹豫地脱下自己的拖鞋给卡尔森太太穿。

"真抱歉，所有的拖鞋都给别人穿了。"玛丽小姐诚恳地说道。

卡尔森太太看到玛丽小姐的袜子踏在地板上，刹那间就给弄湿了。

卡尔森太太被玛丽小姐的举动感动了。在这一瞬间，卡尔森太太明白了施予的真正含义。

她想："平时，我被大家称为慈善家，可是，我做的慈善行为到底是些什么？我捐出来的，全是自己不再使用的旧东西，再不就是捐出多余的零用钱罢了。而真正的施予应该像这位小姐一样，拿出对自己来说最重要的东西，那才有莫大的价值呀！"

突然，卡尔森太太的态度有了180度的大转变——她决心捐出那块祖传的土地给这个慈善机构，为可怜的孩子们建立设备完善的孤儿院。

卡尔森太太对办事员玛丽说："好温暖的拖鞋。"

玛丽红了脸，不好意思地说："对不起，我一直穿着，所以……"

卡尔森太太连忙打断她的话："不，不，我没有怪你的意思，我是说，你的心，令人感到温暖，也让我明白了许多！"

卡尔森太太向她投以亲切的微笑，然后，朝着募捐办公室急步走去……

真正的爱心和施予需要真情与真心，要真诚地关怀别人。只有心里时刻装着别人的人，才能给别人最贴心的帮助。

让心灵多储存一些同情

特蕾莎修女之所以成为一个拥有"大爱"的人，就是因为她经常设身处地地为别人着想，她在帮助他人的时候，细腻体贴地考虑别人的感受，她照顾穷人的时候顾及他们的自尊，为临终者作仪式的时候尊重他们的宗教信仰，这些以及其他种种行动证明了特蕾莎修女的同情是舍我的，因而也是高贵的。

心灵的容量是一定的，如果你过多地考虑自己，那么势必要挤掉他人在你心目中的位置，所以，我们在称赞别人的时候，会说："他是一个利他主义者。"毛泽东的《纪念白求恩》中也曾写道："这是一个脱离了低级趣味的人，是一个毫不利己、专门利人的人。"他肯定了这种精神是值得我们学习的。

施爱予人，我们也常常会因此而获得别人的帮助，如果你以一颗爱心去对待自己周围的人，那么，别人也会以同样的爱来回报你。爱和同情的链条是无限延伸、永无止境的。

第4章

"我只是上帝手中的一支笔"
——谦卑点缀爱的高贵

谦卑，正是提升特蕾莎修女人格魅力的重要砝码。在工作与生活中，我们经常有这样的感受，总是希望与那些热情、友善的人相处，也总是对那些谦虚、严于律己、坚决果断、光明磊落的人充满好感。事实上，这是他们的人格魅力在无形中吸引着我们。与品行高尚的人在一起，是一种品味，是一种享受，是一种快乐，更是一种最高荣誉的分享。

第一节　谦卑来源于自知之明

特蕾莎修女之所以谦卑，是因为她有一种深刻的自知。这种深厚的谦卑特别值得我们好好儿领会。在特蕾莎修女看来，认识自己，才能心存谦卑。

我们只是一粒沙子

曾经有一个女孩，自视甚高，认为自己无所不能，然而毕业后却屡次碰壁，一直找不到理想的工作。

她觉得自己怀才不遇，对社会非常失望。她觉得，是因为没有伯乐来赏识她这匹"千里马"。

痛苦绝望之下，她来到大海边，打算就此结束自己的生命。

在她正要自杀的时候，正好有一个老妇人从这里走过，救了她。老妇人问她为什么要走绝路，她说自己不能得到别人和社会的承认，没有人欣赏并且重用她……

老妇人从脚下的沙滩上捡起一粒沙子，让女孩看了看，然后就随便地扔在地上，对女孩说："请你把我刚才扔在地上的那粒沙子捡起来。"

"这根本不可能！"女孩说。

老妇人没有说话，接着又从自己口袋里掏出一颗晶莹剔透的珍珠，也随便扔在了地上，然后对女孩说："你能不能把这颗珍珠捡起来呢？"

"这当然可以。"

"那你应该明白是为什么了吧？你应该知道，现在你自己还不是一颗珍珠，所以你还不能苛求别人立即承认你。如果要别人承认，那你就要由沙子变成一颗珍珠才行。"

我们经常会犯故事中的女孩一样的错误，觉得自己样样都好，长得漂亮，学习也好，觉得自己无所不能，好像这个世界上就没有什么能难得倒我们。可实际上，我们只是一粒沙子，还没有变成珍珠。

应该说，我们不谦卑，是因为我们不自知。而特蕾莎修女之所以谦卑，是因为她有一种深刻的自知。这种深厚的谦卑特别值得我们好好儿领会。在特蕾莎修女看来，认识自己，才能心存谦卑。

正视自身的缺点

王尔德说过，把自己想得太伟大，正足以显示本身的渺小。

每个人都有自己的局限。认清自己的局限，做事情量力而行，才能够取得成功。如果过于自负，认为自己无所不能，那么只能是自欺欺人，落人笑柄。

在一块青石下面，生活着一群蚂蚁。其中有一只蚂蚁，它的力气很大，像这样的蚂蚁大力士以前还不曾有过，它能够毫不费力地背上两颗麦粒。若论勇敢，它的勇气也是空前的，它能像老虎钳似的一口咬住蛆虫，而且常常单枪匹马地和一只蜘蛛作战。它不久就在蚁穴之内声名大振，蚂蚁们的话题几乎都离不了这位大力士。

后来，它的头脑里塞满了颂扬的话。它一心想到城市里去一显身手，到城市里去博得大力士的名声。有一天，它爬上最大的干草车，坐在赶车人的身旁，像个皇帝似的进城去了。

然而，满腔热望的蚂蚁大力士碰了一鼻子的灰，它以为人们会从四面八方赶来。可是不然，它发觉大家根本不理会它，城里人个个忙着自己的事情。蚂蚁大力士找到一片树叶，在地上把树叶拖呀拖的，它机灵地翻筋斗，敏捷地跳跃，可是没有人瞧，也没有人注意。所以，当它尽其所能地耍过了武艺，便怨天尤人地说道："我觉得城里人都是糊涂和盲目的，难道是我不可理喻吗？我表现了种种武艺，怎么没有人给予我应得的重视呢？如果你上我们这儿来，我想你就会知道，我在全蚁穴是赫赫有名的。"

那天回家时，蚂蚁大力士变得聪明些了。

聪明的蠢材就是这样没有自知之明，自以为名扬四海，恍然大悟时方才知道自己的名声仅仅限于蚁穴的范围而已。

正视自己的缺点，才能真正地认识自己。我们在看待周围的事物时，往往会觉得自己很了不起，并因此而骄傲自大，看不起别人。然而只要我们把心头的高傲丢掉，清楚地将自己与别人作一番比较，我们就会发现自己处处有不如别人的地方。

第二节 低姿态更能成就自我

低姿态不仅是一种个人修养，而且也是促使人进步的基础。古人云："虚己者进德之基。"这种谦逊会把挫折变成精神上的资产。

要学会"低头"

科学家牛顿曾经说过："我不知道人家怎样看我，但在我自己看来，我就像一个在海滩上的小孩子，偶尔拾到一些较为光滑的圆石，而真理的大海我并未发现。"

这句话与特蕾莎修女的一句名言的内涵惊人的相似，那就是："我只是上帝手中的一支笔。"这种看似巧合的现象启发着我们去思考谦卑这种品质所能够散发出来的能量。

有句话说，"大海本在最低处"，容纳百川而成浩瀚永恒的大海，并不是因为地势高，而是因为它接纳了无数奔流而来的江河之水，才使自己壮大、永不干枯。可见，地势低有时是一种优势。

低姿态不仅是一种个人修养，而且也是促使人进步的基础。古人云："虚己者进德之基。"这种谦逊会把挫折变成精神上的资产。

富兰克林年轻时特别高傲，走路总是趾高气扬的。有一次，他去拜访一位有名的教授，不料在进门时不小心被门框狠狠地撞了一下，额头上当即就露出了一道红印。富兰克林狼狈不堪，一边揉搓着撞痛的额头，一边非常生气地盯着那道比一般住所要矮很多的门框。

这时教授从里面走了出来，笑着对富兰克林说道："年轻人，撞痛你了吧？如果你要懂得生活，你就必须学会在该低头时低头，这才是你今天到这里来的最大收获。"

接着，教授又意味深长地说："趾高气扬体现在许多年轻人的身上，他们总是爱把自己评价得过高，直到某天撞上了矮矮的门框，才后悔自己把头抬得过高而遭受了重创。其实，要想穿过一扇门，就得让自己的头低过门框；而要想登上山峰之巅，就必须得让自己低头弯腰，努力向上攀登。"

尽管富兰克林额头上被碰撞的红印早已经消失了，但教授的话却深深地印在了他的心里。在以后的生活中，他变得越来越谦虚谨慎，还把"学会低头"写进了他的行为准则之中，这对他今后成为影响世界的伟人起着举足轻重的作用。

心高气傲不能要

在秦始皇陵兵马俑博物馆，有一尊被称为"镇馆之宝"的跪射俑，它是兵马俑中的精华，是中国古代雕塑艺术的杰作。这件旷世杰作不仅是雕塑史上的精华，同时也蕴涵了一种极具智慧的处世之道。

据说秦兵马俑坑至今已经出土清理各种陶俑1000多件，皆有不同程度的损坏，需要人工修复，唯有这尊跪射俑完好无损，未经人工修复。那么它何以能保存得如此完好呢？内行人说，这得益于它的低姿态。一般兵马俑坑都是地下坑道式土木结构建筑，所以当顶棚塌陷，土木俱下时，高大的立姿俑会首当其冲受到损害，相比之下，低姿态的跪射俑受到的损害肯定要少一些；其次，跪射俑呈蹲跪姿，右膝、右足、左足三个支点呈等腰三角形支撑着上体，重心在下，稳定性增强了，所以不容易倾倒、碎裂，因而它能历经千年岁月仍然完好无损。

由跪射俑联想我们的为人处世之道，成长在校园中的我们年少气盛，涉世不深，难免心高气傲，喜欢率意而为、张扬个性，但是如果有一天走上社会，你就会发现这样做并不一定会有所作为，因为不懂得委曲求全、收敛锋芒，就会处处碰壁。

我们常说为人处世要低调，实际上就是要保持生命的低姿态，像跪射俑一样，避开无谓的纷争，专心做事。这样才能躲避意外的伤害，在保全自己的基础上，有所发展，成就自己。就如同老子所说的那样，以柔克刚，无为即有为。

第三节 谦卑可以为人格魅力增色

真正有大成就者、成大事业者，无不是谦逊好学的人，他们会以谦逊的心态去面对任何一件事情、任何一个人，并凭借此种谦逊的精神提升自己的人格魅力。

谦卑是提升人格魅力的砝码

关于特蕾莎修女，有这样一个有趣的故事。

曾经有一个仰慕特蕾莎修女的西班牙青年，经过长途航行来到了印度。但修女们告诉他特蕾莎修女刚刚去了孟买，于是青年马不停蹄地赶往孟买。等他到达孟买时，孟买的修女又跟他说修女已经起程去马德里了。青年立刻买了一张机票飞往马德里。等他到达马德里时，又听说特蕾莎修女去了来嘉奈。然而青年拜见特蕾莎修女的渴望是那么强烈，他一分钟也没有耽搁，又紧跟着来到了来嘉奈。

还好，这一次他总算没有白跑，一个修女告诉他，特蕾莎修女正在后院工作，于是青年欣喜若狂地往后院走去。因为激动，还有些紧张，他的心跳明显加快。但是，当这个崇拜特蕾莎修女的青年走进修会的后院时，他看到了什么呢？他看到一个瘦小的老太婆，正在手把手地教几个小修女晾晒衣服，她把绳子拉长、绷直、固定，再把衣服一件一件晾上去。她对小修女们说："如果不把绳子固定在一个适当的地方和适当的高度，房屋的阴影就会妨碍衣服晒干。"

青年惊讶得话都说不出来了，原来修女所说的工作竟然就是晾衣服。

事后，这个青年对他的朋友说："真是令人惊异，一个诺贝尔和平奖的获得者，一个圣人，居然在晾衣服。"

可以想象，惊异之后，人们的内心深处必然会升起一种对特蕾莎修女的敬畏感，沉默认真地做小事情的伟人，一定能够给人以心灵的震撼。

不可否认，这种让人为之震撼的力量来自一种人格魅力，而谦卑正是提升特蕾莎修女人格魅力的重要砝码。

在工作与生活中，我们经常有这样的感受，总是希望与那些热情、友善的人相处，也总是对那些谦虚、严于律己、坚决果断、光明磊落的人充满好感。事实上，这是他们的人格魅力在无形中吸引着我们。与品行高尚的人在一起，是一种品味，是一种享受，是一种快乐，更是一种最高荣誉的分享。

谦和地对待一切人和事

美国历史上最受人爱戴和尊重的总统林肯先生就是这样一个人，在他的故居里挂着他的两张画像，一张有胡子，一张没有胡子。画像旁边的墙上贴着一张纸，上面歪歪扭扭地写着：

亲爱的先生：

我是一个11岁的小女孩，非常希望您能当选美国总统，因此请您不要见怪我给您这样一位伟人写这封信。

如果您有一个和我一样的女儿，就请您代我向她问好。要是您不能给我回信，就请她给我写吧。我有4个哥哥，他们中有两人已决定投您的票。如果您能把胡子留起来，我就能让另外两个哥哥也选您。您的脸太瘦了，如果留起胡子就会更好看。所有女人都喜欢胡子，那时她们也会让她们的丈夫投您的票。这样，您一定会当选总统。

格雷西

1860年10月15日

在收到小格雷西的信后，林肯立即回了一封信：

我亲爱的小妹妹：

收到你15日的来信，非常高兴。我很难过，因为我没有女儿。我有3个儿子，一个17岁，一个9岁，一个7岁。我的家庭就是由他们和他们的妈妈组成的。关于胡子，我从来没有留过，如果我从现在起留胡子，你认为人们会不会觉得有点可笑？

忠实地祝愿你

亚·林肯

第二年2月，当选的林肯在前往白宫就职途中，特地在小女孩所住的城市韦斯特菲尔德车站停了下来。

他对欢迎的人群说："这里有我的一个小朋友，我的胡子就是为她留的。如果她在这儿，我要和她谈谈。她叫格雷西。"这时，小格雷西跑到林肯面前，林肯把她抱了起来，亲吻她的面颊。小格雷西开心地抚摸他的又浓又密的胡子。林肯对她笑着说："你看，我让它为你长出来了。"

俗话说："一个人真正伟大与否，要看他对待小人物的态度。"事实上，伟大的生活的基本原则就包含在最普通的日常生活中，谦和地对待一切人和事，是伟大胸襟的反映。

我们都知道，体育比赛的时候，一个运动员要跳高，就必须先蹲下，没有人可以直着双腿而跳得高；一个运动员在田径比赛时，特别是短距离比赛时，要跑得快，就必须先弯下腰，使向前倾斜的力度更大，因为这样会跑得更快。

真正有大成就者、成大事业者，无不是谦逊好学的人，他们会以谦逊的心态去面对任何一件事情、任何一个人，并凭借此种谦逊的精神提升自己的人格魅力。这些人正是我们效仿的好榜样。

第四节　荣誉是谦卑的试金石

一个人不可能事事都强过别人，如果想要取得进步，我们要做的就是时时低下谦卑的头颅，随时保持清醒的头脑，尤其是在我们获得荣誉的时候。

看淡荣誉

我们都知道，特蕾莎在领取诺贝尔和平奖的时候说过这样一段话："事实上，这项荣誉，我个人不配领受。但我愿意代替世界上所有的穷人、病人和孤独的人来接受这项奖金。因为我相信：你们是愿意借着颁奖给我而承认穷人也有尊严，也有在这个世界上生存的权利。"

特蕾莎在荣誉面前还能保持谦卑，居里夫人也说："荣誉就像玩具，只能玩玩而已，绝不能永远守住它，否则将一事无成。"可在现实生活中，我们有几个人能做到这一点呢？

我们拿到学校奖状就已经很开心了，如果再拿几个市里、省里甚至全国的奖状，老师、家长、同学都会对我们刮目相看，渐渐地，我们也就飘飘然了，觉得谁都比不上自己。可是，如果在荣誉面前不能保持足够的谦卑，那么这种荣誉带给我们的就有可能是悲剧和不幸。

那年，王某以全省第一名的成绩考入了一所虽是重点却鲜有省状元的大学。进校后，学校领导、老师对他倍加重视。仅他个人的宣传就搞了半学期，他成了全校的热点人物，简直是无人不知、无人不晓。

可是老师的宠爱、同学的羡慕以及一些人的吹捧让他有了飘飘然的感觉。他想当然地认为自己是最棒的，从此，他变得极其高傲。他经常因为觉得老师讲得不好而不去上课，也从不参加集体活动，而是时常沉浸于武侠小说、言情小说的世界里混沌度日。老师为他的滑坡而担忧，经常劝导他要戒骄戒躁，可他总是把老师的话当作耳边风，他认为，自己这么聪明，对付那些考试是小菜一碟。就这样，虽然他从未在期末考试中挂"红灯"，但成绩平平。

转眼到了大四，保研名单上自然没有他。他终于不甘示弱起来，向全班同学宣称他要考上全国最著名大学的计算机硕士研究生。从此，他开始起早贪黑地学习了。无奈，由于大学期间专业功底太差，他学习起来总是力不从心。3月份公布成绩时，他的专业课没有上线，这对于骄傲惯了的他而言，无疑是当头一棒。

拿到成绩单时，他呆呆地伫立了良久，整个人如同霜打的茄子一般。

第二天早上，人们在14层高的办公楼前发现了他的尸体，他的口袋里装着一份浸透了鲜血的成绩通知单和一封遗书。他说："因为我知道自己再也骄傲不起来了，所以我选择了死亡。对我而言，没有了骄傲，就如同剥夺了我的生命。"

他就这样走了，而直至死前他也未能明白自己失败的原因。正因为他一贯沉浸于自我陶醉中，一旦所幻之梦摔得支离破碎，他那自负的心理便难以负荷，以至于精神崩溃。

用自卑积蓄前进的动力

而强则是另外一个相反的例子。强在大学时曾经被公认为全班最胆小、最怕事的人。大学毕业时大家挥手告别，许多人预言10年后相聚他不会有什么大作为：普通的人，普通的生活，庸庸碌碌的一生。

10年很快就过去了，全班同学又重聚在一起。当年许多意气风发、指点江山的同学如今被生活改变成一言不发的旁观者，许多才华横溢的同学也在繁忙和庸碌的生活中失去了当年的锐气，变得倦怠消极。强——那个被公认将是最失败者，还是和当年一样平凡得如一粒尘土，不出众，不显眼，也不高谈阔论。

聚会到了高潮，每人依次上台讲述自己的现状和理想，还有对目前生活的满意程度。大多数人目前的生活状况不如当年跨出校门时理想，对目前生活满意者几乎没有。

强上台后平静地说道："我目前拥有数家公司，总资产上亿元，远远超出当年走出校门时的理想。如果说还有什么遗憾，就是我认为离那些我所欣赏的成功者还很遥远。是的，无论是在学校还是走向社会，我一直很自卑，感觉每个人都有特长，都比我强。所以我要努力学习每一个人的特长，并且丢掉自己的缺点。但是我发现无论我如何努力，总是无法赶上所有的人，所以我就一直自卑下去。因为自卑，我把远大的理想埋在心底，努力做好手头的每一件小事；因为自卑，我把所有伟大的目标转化成向别人学习的一点点的进步。进步一点，有一点战胜自卑的理由，同时又会发现一个自卑的借口。这样，永远让自己处在自卑之中，我就获得了源源不断的前进动力。"

从上面例子中，我们看到：一个人不可能事事都强过别人，如果想要取得进步，我们要做的就是时时低下谦卑的头颅，随时保持清醒的头脑，尤其是在我们获得荣誉的时候。

第五节　高傲是无知的外在表现

骄傲自大的人无意中会在自己与外界之间树起一道无形的"城墙"，这层与外界的隔膜，使得他变得狭隘、自私、目中无人，如井底之蛙，看不到更广阔的世界。

不要让高傲成为负担

阿文是国内一所著名大学的高才生。他聪敏好学，博览群书，但他也有一个缺点，那就是过于自大。

有一次，阿文听说某校有一位教授学问精深，从他的话中可以得到很多启发，于是他就利用寒假的时间，不远千里去拜访这位教授，向他请教人生的奥妙。教授准备好茶水，就开始与阿文进行交谈。

阿文听着教授的讲解，觉得他好像也没有说什么高深的理论，很多东西他自己也知道一些，于是在教授的谈话过程中，他时不时地插话："噢，是这样，我知道一点。""这个道理我早就知道了。"最后，教授停了下来，再次给阿文倒茶。因为阿文还没来得及喝刚才所倒的茶，所以茶杯里还是满的，但教授没有将先前的茶倒出，就托着茶壶继续斟茶，结果茶水不停地从杯子里溢出来，流了一地。

"教授，别倒了！"阿文大叫起来，"茶杯里再装不下了。"

教授听了，徐徐地说："是这样的，如果你不把原来的茶杯倒空，又怎么能品尝我现在的茶呢？"

高傲就像那杯装满茶的茶杯一样，如果不把它倒了，它就会变成我们的负担，使我们再也没有空间和时间去装新的对我们有所帮助的东西。

在《神曲·炼狱篇》里，睿智的但丁让那些高傲的灵魂背负着将他们的身体压向地面的巨石行走——象征着神让他们在这种痛苦中学习谦卑，同时也象征着高傲本身就是一个沉重的负担。它告诉我们，人如果乐于谦卑，反而能够获得心灵的自由与轻松。

要怀有"空杯"心态

特蕾莎修女虽然获得了丰厚的荣誉、显赫的名声，世界各地有无数的人敬仰她，但她仍然和从前一样默默地工作着，她作为一个修女的生活没有任何改变，她从不高傲，因为她始终认为那会成为她的负担。骄傲自大的人无意中会在自己与外界之间树起一道无形的"城墙"，这层与外界的隔膜，使得他变得狭隘、自私、目中无人，如井底之蛙，看不到更广阔的世界。

赫兹里特说过，念念不忘自己长处的人会让人想到他的短处。

一天，一位辅导老师应邀到某所学校的特长班进行一场与学生互动式的座谈。

这是个数学特长班。进入这个班的学生在入学时都是经过精挑细选的，学生天资甚高、聪明绝顶，但在待人处世上，却个个自视颇高，谁也不服谁。在整个互动座谈中，学生们对这位老师的态度十分傲慢不恭。

在座谈会结束之前，这位老师从自己的公文包里取出一个铁盒子摆在讲台上，并告诉同学们："这个铁盒里贴了一张全世界最傲慢的动物的相片，有谁可以猜得到，到底是什么动物？"全班同学对老师这个突如其来的问题大感兴趣，于是有人猜猫，有人猜孔雀，也有人猜狼和狐狸，甚至最后连口袋怪兽皮卡丘的答案都出现了。可是老师听了台下同学的答案，一一摇头，并对同学们说："现在，每一位同学依序到讲台上，掀开铁盒子看一看，就会知道里面到底贴了什么动物的相片。"谁知，每个上台的人掀开盒子的一瞬间，都愣了一下，然后低着头，不发一语地走回自己的座位上，而且谁也不肯告诉别人自己到底看到了什么。原来，这个铁盒子里面贴了一面镜子，因此每个同学在盒子里面看到的"傲慢动物"当然就是自己。

高傲意味着无知。谦虚让我们人类不断学会改变世界的知识与能力，它是人类获得成就的不竭动力。无论做什么事，我们都要有一个"空杯"心态，这样才可以注入更多的"水"，正所谓"满招损，谦受益"。

第六节　真正的高贵是放下身份的谦卑

学会在适当的时候保持适当的姿态，绝不是懦弱的表现，而是一种智慧。做人保持谦卑，放下架子，不张扬，也不张狂，既是一种态度，也是一种作为；既是人生的一种品味，也是人生的一种境界。

人没有贵贱之分

特蕾莎修女决定为穷人服务并来到贫民窟时，当地的官员和穷人们非常不理解这一举动。他们不明白，一个欧洲女人为什么要离开美丽舒适的大房子，放弃干净美味的食物、新鲜的空气，跑到贫民窟来过穷人的生活。而他们，每天，甚至每时、每刻，想的都是如何离开贫民窟，过上好日子。

其实他们不理解，在修女的心里，从来就没有将人分成不同的等级，特蕾莎修女认为无论是欧洲人还是亚洲人，无论是富人还是穷人，在上帝面前，他们都是平等的。修女出身于欧洲的体面家庭，但是她自始至终就没有出身显赫的优越感和高贵感，也正因为如此，她的形象才在世人的眼中高贵了起来。

其实，事实就是如此，那些自诩身份高贵的人并不一定能得到人们的尊重，有些欧洲的作家为了证明自己是贵族身份，硬要在自己的名字前面加上一个"德"字，但这也只是让人们看到了他对"身份"的过分执着和狂热，并没有因此而对他多崇敬一分一毫。而俄国的大文豪托尔斯泰本来是贵族出身，但是他放弃了贵族的生活，晚年曾经亲自在田中劳作，他的这种精神感动了世界上的无数读者，形成了一股不可思议的感召力量。

谦恭的心胜过一切华美的言语

托尔斯泰虽然很有名，又出身贵族，却喜欢和平民百姓在一起，与他们交朋友，从不摆大作家的架子。

一次，他作长途旅行时，路过一个小火车站。他想到车站上走走，便来到月台上。这时，一列客车正要开动，汽笛已经拉响了。托尔斯泰正在月台上慢慢地走着，忽然，一位女士从列车车窗里冲他直喊："老头儿！老头儿！快替我到候车室把我的手提包取来，我忘记提过来了。"原来，这位女士见托尔斯泰衣着简朴，还沾了不少尘土，于是她就把他当成车站的搬运工了。

托尔斯泰赶忙跑进候车室拿来提包，递给了这位女士。

女士感激地说："谢谢啦！"随手递给托尔斯泰一枚硬币，"这是赏给你的。"

托尔斯泰接过硬币，瞧了瞧，装进了口袋。

正巧，这位女士身边有个旅客认出了这个风尘仆仆的"搬运工"就是托尔斯泰，就大声地对女士说道："太太，您知道您赏钱给谁了吗？他就是列夫·托尔斯泰呀！"

"啊！老天爷呀！"女士惊呼起来，"我这是在干什么事呀！"她对托尔斯泰急切地解释说："托尔斯泰先生！托尔斯泰先生！看在上帝的面儿上，请别计较！请把硬币还给我吧，我怎么会给您小费，多不好意思！我这是干出什么事来啦。"

"太太，您干吗这么激动？"托尔斯泰平静地说，"您又没做什么坏事！这个硬币是我挣来的，我得收下。"

汽笛再次长鸣，列车缓缓开动，带走了那位惶惑不安的女士。

　　托尔斯泰微笑着，目送列车远去，又继续他的旅行了。

　　谦恭的心胜过一切华美的言语，它使得拥有它的人心灵高贵起来。谦恭看似会少得到许多，但实际上，上苍最慷慨的馈赠永远会留给懂得谦恭的人。

第5章

"学会从恶中取善"
——感恩是爱的教育

特蕾莎修女一辈子过的都是感恩的生活，而我们青少年都应该明白，生命的整体是相互依存的。无论是父母的养育、师长的教诲，还是配偶的关爱、他人的服务、大自然的慷慨赐予……人自从有了自己的生命，便沉浸在恩惠的海洋里。一个人真正明白了这个道理，就会感恩大自然的福佑，感恩父母的养育，感恩社会的安定，感恩食之香甜，感恩衣之温暖，感恩花草鱼虫，感恩苦难、逆境，就连自己的敌人，也不忘感恩。

第一节　感恩是我们成长的动力

一个人真正明白了这个道理，就会感恩大自然的福佑，感恩父母的养育，感恩社会的安定，感恩食之香甜，感恩衣之温暖，感恩花草鱼虫，感恩苦难、逆境，就连自己的敌人，也不忘感恩。

幸福当知感恩

感恩是一个人成长的动力，是一种高尚的情操。当它升华时，可以奔流不息，可以惊天动地。

特蕾莎修女一辈子过的都是感恩的生活。特蕾莎的童年正值第一次世界大战的混乱时期；但坚强的父母用慈爱给 3 个孩子筑起了一道坚实的屏障，使他们即使在动荡的战争年代，也能生活在阳光般温暖与安宁的环境里。其实，我们也是生活在这样的环境里。如果我们感觉不到，那一定是心里的那个"我"长得太大了，以致遮蔽了我们感受爱的能力，忘记了感恩。

有一次，特蕾莎修女从一条豺狗的嘴里拖出了一个新生的孩子——他被丢在一个垃圾堆里。两个来自欧洲的义工与特蕾莎修女一同经历了那件极其可怕的事，她们终生难忘。这个不幸的小生命在特蕾莎修女的怀里并没有存活多久就死去了。但特蕾莎修女说："即使他们一小时后就死了，我们也要收留他们。这些婴儿不能没人照顾，无人疼爱——即使是小婴儿，也能感受到爱。"

特蕾莎修女认为，一个幸福的人应当懂得珍惜自己拥有的一切。戴尔·卡耐基曾引用过一句极富智慧的话："生命中只有两个目标：其一，追求你所要的；其二，享受你所追求到的。只有最聪明的人可以达到第二个目标。"

在贫困山区有一个女孩。她有幸考上重点大学，不幸的是，父亲在她进校不久，遇车祸身亡，家中无力供她上学，在她准备退学回家时，社会给了她关怀，老师和同学们也慷慨地捐款捐物。大家的赠物她舍不得使用，而是藏在箱子里。她每天打开箱子看看这些赠物，就想到自己周围有那么多的关怀、爱心，心中就不由得产生出一种感激之情。这种感激之情又驱使她去战胜困难，顽强拼搏。这个在物质上贫困的女孩，在精神上却是很富有的。她心怀感恩，终于读完了大学，还以优异的成绩留学美国。她说："大家给我的一切，是我的精神财富，永远留在我的心里。我要努力学好本领，回报祖国，回报父老乡亲。"

人若有了感恩之情，就会像这位女孩一样，生命就会时时得到滋润，并时时闪烁纯净的光芒。

感恩可以将他人的关爱化成我们成长的动力。我们青少年都应该明白，生命的整体是相互依存的。无论是父母的养育、师长的教诲，还是配偶的关爱、他人的服务、大自然的慷慨赐予……人自从有了自己的生命，便沉浸在恩惠的海洋里。

以感恩的心对待命运的洗礼

提起霍金，人们就会想到这位科学大师那永远深邃的目光和宁静的笑容。世人推崇霍金，不仅仅因为他是智慧的英雄，更因为他还是一位人生的斗士。

有一次，在学术报告结束之际，一位年轻的女记者捷足跃上讲坛，面对这位已在轮椅上生活了 30 余年的科学巨匠，在深深敬仰之余，她又不无悲悯地问："霍金先生，卢枷雷病已将你永远固定在轮椅上，你不认为命运让你失去太多了吗？"

这个问题问得显然有些突兀和尖锐，报告厅内顿时鸦雀无声，一片静谧。

霍金的脸庞依然充满恬静的微笑，他用还能活动的手指艰难地叩击着键盘。于是，随着合成器发出的标准伦敦音，宽大的投影屏上缓慢而醒目地显示出如下一段文字：

我的手指还能活动，

我的大脑还能思维，

我有终生追求的理想，

有我爱和爱我的亲人和朋友，

对了，我还有一颗感恩的心……

霍金以一颗感恩的心对待命运的洗礼，在感恩中不断探索开拓，最终成为轮椅上的"宇宙之王"。假如他面对自己的疾病采取怨天尤人的态度，就无法取得现在的成就。

一艘载有数百人的大型轮船在海上失火沉没，许多人都失去了生命，只有 90 多人生还。乘客中有一个游泳专家来回游了十几次，在连续救起了 20 个人后因过分劳累双脚严重抽筋而导致残废，必须终身坐轮椅，他一直大叫着问自己："我尽力了吗！"几年后，在他生日的那天，有人问他一生中最深刻的记忆是什么，他伤感地说："我最记得那被我救起的 20 个人中，没有一个人来向我道谢。"

感恩是小德，忘恩是大恶。生活中，总会有许多事情影响着我们的情绪，或喜，或忧。于是，选择一种什么样的心态去面对生活，也就选择了过一种什么样的生活。

第二节　生活眷顾感恩的心

生活就像一面镜子，你笑，它也笑；你哭，它也哭。你感谢生活，生活将赐予你灿烂的阳光；你不感谢，只知一味地怨天尤人，最终可能一无所有。

——萨克雷

感恩生命中的"小礼物"

你是不是认为生活对你不公平？别人上学车接车送，自己却要去挤公共汽车；别人可以全家人都开开心心地生活在一起，而自己的爸爸妈妈却因整天忙于工作而难得与你见上一面：别人生活在城市，自己却生活在农村……

其实，你完全没有必要为这些事情感到难过。一位哲人说过，只要活着就值得感谢。特蕾莎修女的行为为这句话作了最好的诠释。她组织的仁爱传教会一贫如洗，但是她们仍然能够想方设法弄到食物喂养"儿童之家"的每个孩子。

"这难道不是一个奇迹吗？"特蕾莎修女经常微笑着问道。

如果我们把生活中遇到的磨难和挫折当作"一份小礼物"，那么我们的生活会减少多少不必要的烦恼啊。

一位骑士赶路时碰到一只受伤的狮子，他不但没伤害狮子，反而帮它医治伤口。但后来这头狮子不慎被国王的人马逮住，关进牢笼。

数年之后，骑士因故冒犯了国王，国王便判处他被饿狮吞噬的死刑。

骑士被抛到狮窟后，极度恐惧，不知道何时就会被狮子撕成碎片。不料，狮子竟认出了救命恩人，亲热地依偎在他身旁，毫无吃他的意思。

一人一兽就这样过了七天七夜，不吃不食。国王听说此事，觉得蹊跷，便叫人把骑士找来，问："你用什么方法，狮子竟然不伤害你？"

骑士便和国王讲述了他救助狮子的经过。国王很受感动，于是赦免了他。而这只懂得报恩的狮子，也被国王下令放回了森林。

骑士由于狮子的感恩之心得以活命，而狮子也因此得到了自由。由此可见，命运还是眷顾感恩的心的。

懂得感恩才能有所收获

人生如花开花谢，潮起潮落，有得便有失，有苦也有乐。

有一次，美国前总统罗斯福家里遭窃，被偷去了许多东西。一位朋友闻讯后，忙写信给罗斯福，安慰他不必太在意。

罗斯福给朋友的回信是这样的：

亲爱的朋友，谢谢你来信安慰我，我现在很平安。感谢上帝，因为：第一，贼偷去的是我的东西，而没有伤害我的生命；第二，贼只偷去我部分东西，而不是全部；第三，最值得庆幸的是，做贼的是他，而不是我。

对任何一个人来说，遭到盗窃绝对是件不幸的事，但是，罗斯福并不怨恨盗窃的贼。相反，他还能找出感谢上帝的3个理由。这种感恩他人、感恩生活的习惯让罗斯福在遭遇不幸的时候仍能够保持平和的心态。

感恩是一种快乐生活的哲学。英国作家萨克雷说："生活就像一面镜子，你笑，它也笑；你哭，它也哭。你感谢生活，生活将赐予你灿烂的阳光；你不感谢，只知一味地怨天尤人，最终可能一无所有。"

是的，一个人如果习惯于感谢他人，他将得到他人的信任和喜欢；一个人如果习惯于感谢生活，他将得到生活的眷顾和宠爱。

你想得到生活的眷顾吗？你想做生活的主人吗？那么，我们就一起开始学会真诚地感谢生活吧！感激自己所得到的一切，以平常心看待生活中的每一件事情，尤其是在遇到困难、遭到不幸的时候，仍然要感谢生活。

第三节　别为抱怨找借口

聪明的人，在遭遇失败之后，并不会对事情的结果抱怨不已，他们会静下心来，客观冷静地对事件的整个过程进行反思和探讨。

抱怨不是解救心灵的方法

"事情怎么会这样呢？真是烦人！""我这次考试没考好，全都怪昨天晚上……""考试题出成这样，老师根本就是在为难我们。""太讨厌了……"这是不是你经常挂在嘴边的话？心情不愉快的时候，这些抱怨的话好像是不经过大脑自己就到嘴边了，然后心情就会变得更沮丧。在这样一种精神状态下，不难想象，你犯错误的概率自然要比别人高，许多新的烦恼又在后边等着你，那么你又开始新一轮的抱怨——沮丧——出错——倒霉……

其实，抱怨只是暂时的情绪宣泄，它可做心灵的麻醉剂，但绝不是解救心灵的方法。

罗曼·罗兰说："只有将抱怨环境的心情化为上进的力量，才是成功的保证。"也有人说，如果一个人青少年时就懂得永不抱怨的价值，那实在是一个良好而明智的开端。倘若我们还没修炼到此种境界，就最好记住下面的话：如果事情没有做好，就千万不要为抱怨找借口。

古人云："人生之事，不顺者十之八九，常想一二。"这句话的意思是说，人活在世上，十件事中有八九件都会使人不顺心，但要常去想那一两件使人开心的事。每个人都会遇到烦恼，明智的人会一笑了之，因为有些事是不可避免的，有些事是无力改变的，有些事情是无法预测的。能补救的应该尽力补救，无法改变的就坦然面对，调整好自己的心态去做该做的事情。

特蕾莎修女为我们做出了榜样。她曾经想为高布拉的麻风病人建立一个诊所。但是，当地的一个议员却利用手中的职权横加阻挠。当她打算在摩提吉建立一个麻风病救助中心时，那个议员又鼓动当地的居民不断地向她们投石块。特蕾莎修女没有怪他们，而是平静地接受了这个事实。因为她知道，他们这么做只是由于对麻风病的无知、恐惧和怀疑。最后，她只能利用一辆救护车成立了一个麻风病流动诊所。通过流动诊所，特蕾莎修女得以将治疗麻风病的牛奶、大米、毯子分发给更多不幸的麻风病人，而且让人们更加理解和同情麻风病人。

在那位议员和当地人阻挠她的时候，她没有抱怨，而是选择了理解和原谅。因为如果她只是一味地抱怨，那么什么问题也解决不了，麻风病人依然无法被医治。与其这样，还不如走出抱怨的窠臼，寻找真正的解决之道。

从前，有一对生活贫困的兄弟，他们靠捡破烂维持生计。

这天清晨，兄弟俩又像往常一样，早早地便沿着那条每天必走的街道开始了拾荒生活。令人奇怪的是，偌大的一条街道上今天却没有什么可捡的东西，只有一排散落在地上的三四厘米长的小铁钉，沿着路面蜿蜒曲折地向前延伸。

"不知道是谁运送钉子的时候袋子破了个洞……"哥哥弯着腰，边捡边对弟弟说道。

"我管他是谁丢的呢，我才不会去捡，不值钱的小玩意儿！"看着哥哥如获至宝的样子，弟弟满脸的不屑。

可哥哥却不理会弟弟的态度，依旧弯着腰，仔细地将散落的铁钉一个个都捡了起来，当走到街道尽头的时候，哥哥已经捡满了一口袋的钉子。天快黑的时候，弟弟便提着空空如也的袋子陪哥哥去了废品收购站。还没走到收购站，兄弟俩远远地便看见门口的大牌子上赫然写着"高价回收小铁钉"。于是，弟弟便眼睁睁地看着哥哥用那袋铁钉换了一大把钞票。

"这么多的钉子，你怎么不去捡啊？"废品站老板看弟弟站在一旁满脸失落的样子，便好奇地问道。

"那小钉子我也看到了啊，可谁会对那些不起眼的小东西感兴趣呢？更何况你也没事先告诉我今天会高价回收，我要是早知道它这么值钱的话，肯定去捡了……"弟弟既抱怨又沮丧。

"那我今天就告诉你，这一周我们都会高价回收这样的小铁钉，你去捡吧！"弟弟的抱怨让废品店老板也不高兴了。

第二天一早，兄弟俩又沿着那条街道去捡破烂了。今天的路上，没有铁钉，但却有一堆散落在地上的大米。哥哥见了，又像发现宝物一般蹲在那里一粒粒地捡了起来，而弟弟呢，对哥哥的行为仍旧嗤之以鼻："啧啧，你指望今天还有谁会去高价收购这些米粒？我还是不跟着你做这些没有用的事情了，我得赶紧去找个地方捡钉子去！"

哥哥和弟弟就这样分道扬镳，各干各的去了。傍晚，哥俩便又聚到了家里。弟弟愁眉不展，因为他连一颗铁钉都没有捡到；哥哥今天也战况不佳，他也什么都没有捡到——除了那半袋大米。一进门，哥哥便解开袋子把今天捡来的米下到锅里熬粥吃，而弟弟呢，却空着肚子在一旁发着牢骚："我的运气简直是坏透了！你昨天一不小心就能捡到那么多钉子，然后还卖了那么多钱，可我呢，在街上四处寻了一天，却连一个钉子都没有捡到。早知道是这样，我就应该跟你去捡大米了，那样的话，也不至于像现在这样连饭都没得吃！"

在生活中，有很多人就像故事中的弟弟一样，在遭遇失败的时候，总是摆出一副可怜兮兮的样子，然后把失败的原因归咎于诸多"客观"因素，比如说这几天状态不好、同事间缺乏合作、资料搜集不全或出现误差，所从事的事情并非自己擅长的，更有甚者，还会用"生不逢时"等愤懑之语作为自己失败之后的总结。

放平心态，在失败中找突破

聪明的人，在遭遇失败之后，并不会对事情的结果抱怨不已，他们会静下心来，客观冷静地对事件的整个过程进行反思和检讨。而那些不太聪明的人，当失败袭来的时候，就会像故事中的弟弟一样，被形形色色的失败结果蒙蔽了双眼，然后一味地在其中纠缠难以脱身。"我怎么这么倒霉""我怎么就没听人家的劝告早些把股票抛出去"，他们也在反思，可他们着力去寻找的却不是失败的原因，而是如何将失败与自己的能力分离开来，因此，他们的"分析"在旁观者看来便是怨天尤人，而且还软弱得有些可笑。

其实，只要放平心态，你也可以和特蕾莎修女一样活得平静而满足。

有一个人从一棵椰子树下经过，一只猴子从上面丢下来一个椰子，正好打中了他的头。这人摸了摸肿起来的头，然后把椰子捡起来，喝椰汁，吃果肉，最后还用外壳做了一个碗。

朋友，假如猴子丢下的那个椰子打中的是你的头，你会用什么样的态度来对待这个"意外的打击"呢？如果是怨恨，是咒骂，那么不但无济于事，反而还会使你的心情变得更糟糕；如果你选择了积极的心态，就像故事中的那个人一样，只是摸了摸头上的肿块，然后捡起椰子，饶有兴致地吃掉果肉，并把椰壳做成一只碗。这时，你也有可能因心情变好而感谢那只猴子、头上的肿块和椰子。因为如果没有这一切，或许你就无法排解旅途中的寂寞、饥饿和无聊。

青春的天空本该是明媚的，但是抱怨却如阴云一样使明朗的蓝天变得混浊。抱怨的人不见得不善良，但常常不受欢迎。抱怨就像用烟头烫破一个气球一样，让别人和自己同时泄气。谁都不愿靠近牢骚满腹的人，怕自己也受到传染。抱怨除了让你丧失勇气和朋友外，别无他用。

青春要拒绝抱怨，如果真的遇到问题，你就应该去寻找克服困难、改变环境的办法；青春更应该摒弃抱怨，因为抱怨是一种坏习惯，你要做的就是化抱怨为抱负，变怨气为志气。

世界是美丽的，世界也是有缺陷的；人生是美丽的，人生也是有缺陷的；成长是美丽的，成长也是有缺陷的。因为美丽，才值得我们活一回；因为有缺陷，才需要我们弥补，需要我们有所作为。

第四节　接受生命中的不完美

人要学习为所失去的感恩，也要接受失去的事实，不管人生的得与失，总是要让自己的生命充满了亮丽与光彩，不再为过去掉泪，努力地活出自己的精彩。

抱怨一切不如珍惜一切

"老天怎么就没有给我一张漂亮的脸蛋呢？""我为什么长得这么矮？""哎，我要是一个亿万富翁的女儿就好了。""爸爸要是老师就好了。""妈妈要是不那么忙就好了。"你是不是总能发现生活中的不完美，不如意？

莎士比亚说过，一件东西从来不会完美无缺，即使在一粒最好看的葡萄上，你也会发现几个斑点。生活也是这样，真正完美无缺的生活是不存在的。特蕾莎修女曾经写过这样的两句话："生命是一种美，我们要懂得欣赏它"；"生命是一出悲剧，我们要拥抱它。"她告诉她身边的朋友："其实，世上的艰难困苦又何尝不是俯拾皆是，但如果我们视其为上天恩赐的礼物，那么人们周围便会减少几许悲观，平添些许快乐……"

有这么一个富含哲理的小故事：

一个残疾人来到天堂找到上帝，抱怨上帝没给他一副健全的体格。上帝什么也没说就给残疾人介绍了一位朋友，这个人刚刚死去不久才升入天堂，他感慨地对残疾人说："珍惜吧朋友，至少你还活着。"

一个官场失意被排挤下来的人找到上帝，抱怨上帝没给他高官厚禄，上帝就把那位残疾人介绍给他，残疾人对他说："珍惜吧，至少你的身体还是健全的。"

一个年轻人找到上帝，抱怨上帝没让自己受到人们的重视和尊重，上帝就把那位官场失意的人介绍给他，于是那人便对年轻人说："珍惜吧，至少你还年轻，前面的路还很长。"

是的，每个人的人生都不会太圆满，每个人的一生都有缺憾，与其抱怨一切，不如珍惜一切。

在法国一个偏僻的小镇，据传有一个特别灵验的水泉，常会出现神迹，可以医治各种疾病。有一天，一个拄着拐杖、少了一条腿的退伍军人一跛一跛地走过镇上的马路，旁边的镇民带着同情的口吻说："可怜的家伙，难道他要向上帝祈求再有一条腿吗？"这一句话被退伍的军人听到了，他转过身对他们说："我不是要向上帝祈求有一条新的腿，而是要祈求他帮助我，叫我没有一条腿后，也知道如何过日子。"

人要学习为所失去的感恩，也接受失去的事实，不管人生的得与失，总是要让自己的生命充满了亮丽与光彩，不再为过去掉泪，努力地活出自己的精彩。

正视不完美，活出真我

在国外，有一位著名的女高音歌唱家，仅仅 30 多岁就已经红得发紫，誉满全球，而且还有一个温柔体贴的丈夫和活泼可爱的儿子。一次，她到邻国来开独唱音乐会，入场券早在一年以前就被抢购一空。当晚的演出也受到了极为热烈的欢迎。演出结束后，歌唱家和丈夫、儿子从剧场里走出来的时候，一下子被早已等候在那里的观众团团围住。人们七嘴八舌地与歌唱家攀谈着，其中不乏赞美和羡慕之词。

有的人恭维歌唱家大学刚刚毕业就开始走红，进入了国家级的歌剧院，成为扮演主要角色的演员；有的人恭维歌唱家 25 岁时就被评为世界十大女高音歌唱家之一；也有的人恭维歌唱家有个腰缠万贯的某大公司老板做丈夫，而膝下又有个活泼可爱脸上总带着微笑的儿子……

在人们议论的时候，歌唱家只是在听，并没有表示什么。等人们把话说完以后，她才缓缓地说："我首先要谢谢大家对我和我的家人的赞美，我希望在这些方面能够和你们共享快乐。但是，你们看到的只是一个方面，还有另外的一个方面没有看到。那就是你们夸奖的活泼可爱脸上总带着微笑的小男孩，其实是一个不会说话的哑巴，而且，在我的家里他还有一个姐姐，是需要长年关在装有铁窗房间里的精神分裂症患者。"

歌唱家的一席话使人们震惊不已，大家你看看我，我看看你，似乎很难接受这样的事实。这时，歌唱家又心平气和地对人们说："这一切说明什么呢？恐怕只能说明一个道理，那就是上帝给谁都不会太多。"

歌唱家说出这句话以后，人们仍然没有吭声，不过这一次不是惊讶，而是在思考，认真地思考着。

是啊，上帝是公平的，他在带给每个人幸福生活的同时，也会给他们带去痛苦和缺憾，这些缺憾可能是身体上的一些缺憾，也可能是才智上的一些缺失，或者是生活中的一些挫折。面对这些生活中的缺憾，是反复强调自己的缺憾而在痛苦和自卑中艰难度日，还是正视缺憾，把它当作特别的赐予，安然地享受生活，其实，就看你如何选择。

第五节　感恩当下拥有的幸福

幸福本没有绝对的定义，许多平常的小事往往能撼动你的心灵。能否体会幸福，只在于你怎么看待。想要拥有幸福的生活，就要怀有一颗感恩的心。

珍惜现在的幸福

幸福本没有绝对的定义，许多平常的小事往往能撼动你的心灵。能否体会幸福，只在于你怎么看待。想要拥有幸福的生活，就要怀有一颗感恩的心。

有的时候，我们会觉得自己拥有的一切不值得感恩，因为我们并不知道自己到底拥有哪些东西。朋友不值得感恩，因为他们并没有为我们做什么让我们感恩戴德的事情；老师不值得感恩，因为我们是交了学费的；身体健康不值得感恩，因为我们还小，本来就不该被什么疾病纠缠。

可你知道特蕾莎修女是怎么做的吗？ 1990 年，在特蕾莎修女健康状况严重恶化的情况下，教皇接受了特蕾莎修女的辞职请求。在举行继承人选举前，她给仁爱传教会全体成员写了一封感谢信："希望这封信能将我的祝福带给你们每个人——我爱你们每个人，感谢你们每个人，因为你们 40 年来一起和穷人分享着你们的快乐……"在她生命的最后一天，她真诚地感谢那些照顾她的修女们，因为这些修女让她在生命的最后一刻仍然觉得很幸福。

特蕾莎修女的一生看到了太多的穷人、病人、死人，所以，她更明白一个道理：珍惜现在的幸福。

卡耐基的著作中有这样一个十分感人的故事：

> 故事的主人翁是一位名叫波姬儿的女教授，她是一位充满勇气、坚强乐观的女性，她写过一本自传体的书，书名叫《我希望能看见》。
>
> 波姬儿在书中叙述道："我有一只眼睛，却又布满伤痕，只能奋力通过眼睛左边的一小部分看东西。念书的时候，我得把书本举到眼前，并且用力把眼珠挤到左边去。"可是她拒绝接受别人的怜悯，不愿意让别人认为她"异乎常人"。
>
> 小时候，她渴望和小朋友做游戏，但苦于看不清地上画的线。当别的孩子回家后，她趴在地上认准地上的线，等下次再和小伙伴玩。
>
> 她在家里看书，把印着大字的书靠近她的脸，近到眼睫毛都快碰到书页上了。她得到两个学位，先在明尼苏达州立大学得到学士学位，再在哥伦比亚大学得到硕士学位。
>
> 她开始教书的时候，是在明尼苏达州双谷的一个小村子里，然后渐渐升到南德可塔州奥格塔那学院的新闻学和文学教授。她在那里教学 13 年。同时，她也在很多妇女俱乐部发表演说，还在电台主持谈书本和作者的节目。"在我的脑海深处"，她写道，"常常怀着一种怕会完全失明的恐惧，为了要克服这种恐惧，我对生活采取了一种很快活而近乎戏谑的态度。"
>
> 1943 年，波姬儿已是 52 岁的老妇，奇迹出现了！著名的"美

友医院"为她做了一次成功的手术。她看得见了，比她以前所能看到的还要清楚几十倍！

一个崭新的、令人兴奋的可爱世界呈现在她眼前。之后，她甚至在厨房水槽洗碗的时候，都会有高兴到战栗的感觉。

"我开始玩着洗碗盆里的肥皂泡沫，"她写道，"我把手伸进去，抓起一大把小小的肥皂泡沫，我把它们迎着光举起来。在每一个肥皂泡沫里，我都能看到一道小小彩虹闪出来的明亮色彩。"

在常人看来，波姬儿是不幸的，然而她却觉得自己是一个很幸福的人，甚至在厨房洗碗的时候，也会因兴奋而战栗，所有这一切都是因为她是一个懂得感恩的人，总是努力享受自己已经拥有的东西，而不去想自己没有或者已经失去的东西。

感恩当下的一切

特蕾莎修女曾经给很多穷人的孩子办过一所学校。这个学校的设施和环境都非常简陋，这些孩子每天甚至连饭都吃不饱，可孩子们依然开心幸福。有一次上完课，特蕾莎修女说："很好，今天大家都表现得很出色，我要给大家发奖。"说着她打开一个纸箱，"这个奖品是一块肥皂，一人一块。好啦，现在大家就拿着这块肥皂去洗澡吧，看谁洗得干净。"

就是这么一块我们几乎每天都能见到的肥皂，让这些孩子高兴极了。他们举着它，呼喊着向池塘跑去。他们欢笑着，像过节一样，甚至比过节还开心。

感恩是什么？感恩是血、泪、汗浸泡的人生土壤里怒放的生命之花。只有感恩当下的人，才明白生命的珍贵，才可以感受到生活之中的真正快乐。

感恩,不仅感谢帮助我们的人,更要感谢曾经以及还在拥有的一切。

世界无限大,而我们能够拥有生命、健康的体魄,享受食物、阳光,拥有家人的爱,不是值得感激吗?

第六节 为失去而感恩,视逆境为祝福

"祸兮福之所倚,福兮祸之所伏",失去并不可怕,可怕的是,我们内心的希望和快乐也因此而失去了。

在逆境中感恩

1992 年 2 月,特蕾莎修女来到罗马,在这次旅行中,她摔了一跤,造成 3 根肋骨骨折。1996 年 3 月的一天,特蕾莎修女从床上摔了下来,锁骨骨折了。她和照顾她的几个修女开玩笑说:"我的护卫天使每当看到我东奔西跑不能好好儿休息时就摔我一跤。"

瞧!特蕾莎修女把她遭遇的逆境当成了是上天对她的祝福,她知道为失去而感恩。失去并不可怕,可怕的是,我们内心的希望和快乐也因此而失去了。很多事情内部都存在着一定的变数,正所谓"祸兮福之所倚,福兮祸之所伏"。未曾达到某种目的,或者遭遇了什么挫折,也许未必真是坏事。

托尔斯泰在他的散文名篇《我的忏悔》中讲了这样一个故事:

一个男人被一只老虎追赶而掉下悬崖，庆幸的是在跌落的过程中他抓住了一棵生长在悬崖边的小灌木。此时他发现：头顶上那只老虎正虎视眈眈，低头一看，悬崖底下还有一只老虎，更糟的是，两只老鼠正忙着啃咬悬着他生命的小灌木的根须。绝望中，他突然发现附近生长着一簇野草莓，伸手可及。于是，这人摘下草莓，塞进嘴里，自语道："多甜啊！"

在逆境中，感恩是鞭策和鼓励我们奋进向上的不竭的动力。只有对生命充满感激之情，才能使自己对现实中所有的困难和阻碍毫无畏惧。感恩，是一种能把全身的每一个细胞都调动起来的力量。

在一次激烈的海战中，有一艘船被敌舰击中，沉入海底，全船只有一个人活着漂到孤岛，这个人独自在岛上艰苦地生活。

他天天站在岸边大摇白旗，想尽一切办法，希望有人来救他，可是一直都没有结果。

有一天，他千辛万苦搭盖的茅屋突然起火了，这场大火把他所有的"家当"都烧光了。

他伤心之余，埋怨上帝："我唯一的栖身之处，我仅有的一点生活用品都化为灰烬，上帝啊，你为何使我走上绝路？"

不久，忽然有人驾船来救他，他问他们怎么知道岛上有人，救他的人说道："我们起先也不知道，但是看见岛上有火光，所以船长派我们来看看。"

于是，他将起初的埋怨变为真切的感激，因为正是这把火救了他。他还有什么理由去埋怨上帝呢？

为失去而感恩

还有一个故事，说的是一个商人从事航海贩运发了大财。他曾屡屡战胜风险，各种各样恶劣的气候和地形都没有使他的货物造成损失，似乎命运女神格外垂青于他。他所有的同行都遭到过灾难，只有他的船平安抵港。人们追求奢侈的欲望使他财源广进，他顺利地贩卖了运回来的砂糖、瓷器、肉桂和烟草。总之，他很快就成了腰缠万贯的大富翁。

他开始挥霍，一个朋友目睹了他的豪华盛宴之后，羡慕地说道："您的家常便饭就有这样的气派，真让我大开眼界！"

"我是靠自己的努力奋斗，靠自己的聪明才智，靠自己的独具慧眼，才获得今天的成就的。"这位富商说。

这位商人认为赚钱是件极容易的事，因此，他把赚得的钱拿出来搞投机。但这一次可没有什么好运气了，第一条船设备很差，碰到一点儿风浪就翻了船；第二条船连必要的防御武器都没有，让海盗连船带货都一齐掳了去；第三条船呢，虽然平安到港了，但一时间经济萧条，没有了往日那种追求奢华的风气和购物狂潮，货物也因为积压过久而变质。另外，代理人的欺骗和他的花天酒地、挥金如土的生活方式也花费了他不少的钱财。

他的朋友看到他如此迅速地陷入一文不名的境况，问他道："这是怎么回事？"

"唉，别提了，全怪那不济的命运。"富商说。

"您别放在心上，"朋友安慰他说，"如果命运不愿意看到你幸福，至少它会教你变得谨慎小心。"

这位朋友说得很对，故事中的商人虽然失去了财富，但他获得了另外一个更重要的东西：谨慎小心。失去不一定会为我们带来损失，学会为失去而感恩，逆境和困难也可以成为一种祝福。

第6章

"在宽恕中可以得到宽恕"

——宽容是灵魂的升华

如果特蕾莎修女整日里耿耿于怀哪一家的穷人曾经在她提供帮助的时候对她采取了敌视的态度，或者难以忘记一些政府官员们处理问题时不负责任的样子，那么她的时间和精力都花在怨恨和恼怒上了，可是这根本于事无补，如果这样的话她一生也没有多少时间为穷人做一些实事。一个人如果胸襟宽广、性格豁达，就能纵横驰骋；如果纠缠于无谓的鸡虫之争，不但有失风度，而且终日郁郁寡欢，神魂不定，这样的人靠什么成就大业呢？

第一节　宽容是最宝贵的礼物

面对别人的冒犯，一个宽容的人能够时刻保持谦恭有礼的态度，事实上，他们之所以能够取得成功，也是和这种宽容的胸怀分不开的。

做一个胸襟宽广的人

特蕾莎修女的箴言录中，记载了她对于很多问题的回答，其中有一句就是"最宝贵的礼物是宽恕"。确实，宽恕之心是成就特蕾莎的原因之一。

历史上，那些能够改变历史或者震撼人心的大人物都是胸襟广阔的人。一个胸襟广阔的人不会因为他人的冒犯和无礼而勃然大怒，相反，他们会温和谦恭地对待那些冒犯他们的人。俄国沙皇亚历山大就是这样的一个人。

俄国沙皇亚历山大骑马旅行到俄国西部。一天，他来到一家乡镇小客栈，为进一步了解民情，他决定徒步旅行。当他穿着没有任何军衔标志的平纹布衣走到一个三岔路口时，他记不清回客栈的路了。

亚历山大无意中看见有个军人站在一家旅馆门口，于是他走上去问道："朋友，你能告诉我去客栈的路吗？"

那军人叼着一只大烟斗，头一扭，高傲地把身着平纹布衣的旅行者上下打量一番，傲慢地答道："朝右走！"

"谢谢！"亚历山大又问道，"请问离客栈还有多远？"

"一英里。"那军人生硬地说，并瞥了陌生人一眼。

亚历山大抽身道别，刚走出几步又停住了，回来微笑着说："请原谅，我可以再问你一个问题吗？如果你允许我问的话，请问你的军衔是什么？"

军人猛吸了一口烟说："猜。"

大帝风趣地说："中尉？"

那烟鬼的嘴唇动了一下，意思是说不止中尉。

"上尉？"

烟鬼摆出一副很了不起的样子说："还要高些。"

"那么，你是少校？"

"是的！"他高傲地回答，

于是，亚历山大敬佩地向他敬了礼。

少校转过身来摆出对下级说话的高傲神气，问道："假如你不介意，请问你是什么官？"

亚历山大乐呵呵地回答："你猜？"

"中尉？"

亚历山大摇头说，"不是。"

"上尉？"

"也不是！"

少校走近仔细看了看说："那么你也是少校？"

亚历山大静静地说："继续猜！"

少校取下烟斗，那副高傲的神气一下子消失了。他用十分尊敬的语气低声说："那么，您是部长或将军？"

"快猜着了。"亚历山大说。

"殿……殿下是陆军元帅吗？"少校结结巴巴地说。

亚历山大说："我的少校，再猜一次吧！"

"皇帝陛下！"少校的烟斗从手中一下掉到了地上，猛地跪在亚历山大面前，忙不迭地喊道，"陛下，饶恕我！陛下，饶恕我！"

"饶你什么？朋友。"亚历山大笑着说，"你没伤害我，我向你问路，你告诉了我，我还应该谢谢你呢！"

卡莱尔说过:"一个伟大的人,总是以他对待小人物的方式来表示他的伟大。"面对别人的冒犯,一个宽容的人能够时刻保持谦恭有礼的态度,事实上,他们之所以能够取得成功,也是和这种宽容的胸怀分不开的。

要有宽容的心胸

宽容的心胸与成功的必然联系是毋庸置疑的,这至少有两个原因,我们可以用特蕾莎修女的故事来说明。

首先,一个心胸开阔的人不会把时间花在一些小事情上。小事情会使人偏离自己本来的主要目标和重要事项。如果一个人对一件无足轻重的小事情做出反应——小题大做的反应——这种偏离就产生了。

试想,如果特蕾莎修女整日里耿耿于怀哪一家的穷人曾经在她提供帮助的时候对她采取了敌视的态度,或者难以忘记一些政府官员们处理问题时不负责任的样子,那么她的时间和精力都花在怨恨和恼怒上了,可是这根本于事无补,如果这样的话,她一生也没有多少时间为穷人做一些实事。

如果有人能采取别人难以想象的态度宽容对方,表现出别人难以拥有的襟怀,这个人的形象瞬时就会高大起来,特蕾莎修女的宽宏大量、光明磊落使她的精神达到了一个新的境界,她的人格折射出高尚的光彩。不言而喻,特蕾莎修女在人们心目中的高大形象和强烈的感召力在很大程度上也来源于此。

俗语有"宰相肚里能撑船"之说,一个人如果胸襟宽广、性格豁达,就能纵横驰骋;如果纠缠于无谓的鸡虫之争,不但有失风度,而且终日郁郁寡欢,神魂不定,这样的人又靠什么成就大业呢?

第二节 宽容的力量可以平息纷争

世界银行总裁罗伯特·麦克纳马拉曾说："特蕾莎修女应该获得诺贝尔和平奖，因为她肯定了人类尊严的不可侵犯，以最为根本的方式促进了和平。"

宽容能够化解仇恨

西方有位名人詹姆斯·格兰曾说："宽容是人性的，而忘却是神性的。"在这里，他讲到了宽容的最高境界，那就是忘却。最崇高的宽容不仅仅是原谅，也是不报复，更是忘却，在内心将伤害与被伤害的历史一笔勾销，让往事随风而去。

人与人之间必定会发生冲突和矛盾，怎样对待这种矛盾，就成了宽容的首要课题，下面这个小故事也许能够对我们解决这一问题提供有益的启示。

有一次，一位作家与两位朋友阿尔和马修一同出外旅行。

3人行经一处山崖时，马修失足滑落，眼看就要丧命，机灵的阿尔拼命拉住了他的衣襟，将他救起。

为了永远记住这一恩德，动情的马修在附近的大石头上用力镌刻下这样一行字："某年某月某日，阿尔救了马修一命。"

3人继续前进，几日后来到一处河边。可能因为长途旅行疲劳的缘故，阿尔与马修为了一件小事吵起来了，阿尔一气之下打了马修一耳光。

马修被打得眼前直冒金星，然而他没有还手，却一口气跑到了沙滩上，在沙滩上写下一行字："某年某月某日，阿尔打了马修一记耳光。"

旅行很快结束了。回到家乡，作家怀着好奇心问马修："你为什么要把阿尔救你的事刻在石头上，而把他打你耳光的事写在沙滩上？"

马修平静地回答："我将永远感激并永远记住阿尔救过我的命，至于他打我的事，我想让它随着沙滩上字迹的消失被忘记得一干二净。"

这就是宽容，宽容就是记着别人对自己的恩典，忘掉别人对自己的伤害。用爱和感激来代替仇恨，化解积怨。

如果你能够理解这一点，你就一定能明白特蕾莎修女获得诺贝尔和平奖的原因了。世界银行总裁罗伯特·麦克纳马拉曾说："特蕾莎修女应该获得诺贝尔和平奖，因为她肯定了人类尊严的不可侵犯，以最为根本的方式促进了和平。"其实，特蕾莎修女身上所具备的优秀品质以及她大力倡导的行动准则都能够成为促进世界和平的最有利因素，宽容就是如此。如果世界各国的政治家、军人、财阀、社会人士等都能够对他人对于自己的伤害持一种宽容的态度，以温和的姿态和平等协商的方式解决问题，那么就不会有那么多痛苦的杀戮和战争了。

宽容能填满冲突的沟壑

特蕾莎修女生前获得了诺贝尔和平奖，被尊称为"贫民窟的圣人"。离开世界之后，她依然成为一种在人们心中绵延不绝的力量，依旧是温暖、坚定、和平的代表。

所以，用宽容填满冲突的沟壑，是一种促进世界和平和人内心和平的方法，其实宽容并不难做到，只要我们从生活中的点点滴滴做起，就会很容易成为一个宽容的人。

　　谭小宁是一名高二的学生，平时学习很忙，那一天是个星期天，难得的假期，她的心情非常愉快。早晨，她推开门站在阳台上，发现阳光温暖而明媚，阳台上奶奶种的花都开了。正在她沉醉于清晨的美景时，只听"砰！砰！"两声，楼上传来了一阵拍打被子的声音。

　　接着，棉絮和灰尘从天而降。这些让人变得灰头土脸的东西与这和谐的美景真不相称。于是，她忍不住大声向楼上喝道："拍什么拍！一大清早就污染空气！"可上面的拍打不但没有停止，反而更猛烈了。

　　她没有办法，说服不了楼上的人，只好采取被动的方法。等到拍打声停止，小宁赶紧拿出水壶给她那些可怜的花儿洗澡，晶莹的水珠在绿叶上滚动着，有几滴还流到了楼下，结果不小心落在了楼下晒的被子上，小宁窘了起来，怎么办呢？正在这时，楼下的老婆婆伸出了头，向上张望着。她更加害怕了，怕老婆婆开口骂她。但是结果出人意料，老婆婆竟然没有责怪她，反而对她和蔼地笑了笑，慈祥地说："天气好，是该浇浇花呀，看这花开得多水灵呀！"说完，她把被子往旁边挪了挪，便回屋了。

　　小宁愣住了，一时间回不过神来。婆婆的行动给了她很大的启发，那一瞬间，她明白了一些事情。她不由自由地把头伸了出去，向楼上望去，结果正和上面拍被子的阿姨打了个照面，小宁笑着对她说："阿姨，天气这么好，是要晒晒被子？"那位阿姨尴尬地点了点头，只轻轻地拍两下就回去了。

　　一件生活中的小事，让小宁的心境发生了很大的变化，她发自内心地感受到了宽容的益处，此时，她的心灵比清晨的阳光还要灿烂明媚。

第三节　体谅是宽容的基础

　　自己不愿意接受的东西，也不要强加给别人。在现实生活中，很少有人能够真正做到。其实，宽容就需要这种心理的帮助，如果没有设身处地地为他人着想的精神，宽容是很难达成的。

设身处地地为他人着想

　　我国古代的大教育家、思想家孔子曾经说过："己所不欲，勿施于人。"也许你对孔子的了解并不多，或者你对于他的那些语录给你带来了巨大的学习压力和背诵负担而感到痛苦和难受，但这些都只是你现在的想法，等到某一天，你亲身经历了某些事时，就会恍然大悟，原来这个道理我早就知道了，只是当时因为机械记忆和厌恶情绪，没有真正读懂而已。

　　这句话的意思是说：自己不愿意接受的东西，也不要强加给别人。翻译成现代文之后，文意很好理解，但是在现实生活中，很少有人能够真正做到。其实，宽容就需要这种心理的帮助，如果没有设身处地地为他人着想的精神，宽容是很难达成的。

　　特蕾莎修女做到了这一点，当她第一次来到印度加尔各答的贫民窟时，那里的人当然都不认识她，孩子们更是对于她的到来感到好奇，也许是因为这里很少出现干净整洁的人的缘故，孩子们一看见修女，就纷纷围过来，喊道："修女，给钱！"

　　但是修女并没有钱。

　　结果他们就把修女唯一的午餐——一块面包抢走了，修女并没有责怪他们，她甚至是微笑着让他们抢走的。她的微笑中包含了巨大的宽容和慈爱。

修女知道，这些孩子一定是饿极了，他们还小，长期的饥饿会让他们营养不良的。因为这种设身处地地着想，修女体谅了他们的难处。苏霍姆林斯基曾说："宽容产生的道德上的震动比责罚产生的要强烈得多。"事实上也确实如此。

宽容开始的地方

在美国经济大萧条时期，有一位18岁的姑娘安娜好不容易才找到一份在一家高级珠宝店当售货员的工作。圣诞节的前一天，店里来了一位30岁左右的男顾客。他虽然穿着整齐干净，看上去很有修养，但很明显，这也是一个遭受失业打击的不幸的人。

此时，店里只有安娜一个人，其他几个职员刚刚出去了。

安娜向他打招呼时，男子不自然地笑了一下，目光从安娜的脸上慌忙躲闪开，仿佛在说：你不用理我，我只是看看。

这时，电话铃响了。安娜去接电话，一不小心，将摆在柜台上的盘子弄翻了，盘子里装着的5枚精美绝伦的金戒指掉在了地上。姑娘慌忙去捡。可她捡回了5枚以后，却怎么也找不到第六枚戒指。当她抬起头时，看到那位男子正向门口走去，顿时，她明白了那第六枚戒指在哪里。

当男子的手将要触到门框时，安娜柔声叫道："对不起，先生。"

那男子转过身来，两个人相视无言，足足有一分钟。

安娜的心在狂跳，他要是对自己动粗怎么办？他会不会……

"什么事？"他终于开口说道。

安娜极力压住心跳，鼓足勇气说道："先生，这是我的第一份工作，现在找个事做真不容易，是不是？"

男子长久地审视着她，良久，一丝微笑在他脸上浮现出来。安娜也平静下来，她微笑着看着他，两人就像老朋友见面似的那样亲切自然。

"是的，的确如此。"他回答，"但是我能肯定，你在这里会干得不错。"

停了一下，他向她走去，并把手伸给她："我可以为你祝福吗？"

紧紧地握完手后，他转身缓缓地走向门口。

安娜握着手心里的第六枚戒指，望着男子的背影，感激的泪水在眼里打转。

安娜是个聪慧的姑娘，她用一颗体谅的心融化了男子心中的坚冰，让男子为之动容。可见体谅是宽容的基础，如果安娜没有体谅这位男子刚刚失业迫不得已的处境，她可能会报警，也可能与男子发生激烈的正面冲突，但是结果肯定没有故事中那样圆满。

我们都知道，在学习数学的时候，如果不了解平面几何的知识，就难以学会复杂的立体几何；学英语的时候，如果你连最基本的单词都不认识，又怎么能读懂一部长篇的英文小说呢？体谅和宽容也是这样的关系，如果你不懂得体谅别人，那么你很难获得宽容的心境。"己所不欲，勿施于人"正是宽容开始的地方。

第四节　不宽容就是在折磨自己

人生就像是一块肥沃的土地，它既种植希望和成功，也会播种怨恨。但你要记住，最好不要在人生中播撒这种怨恨的种子。

放下内心的愤怒感

有一位西方的记者哈普曾经去拜访特蕾莎修女，他很尊重特蕾莎修女，对她的行为感到非常震撼和感动，但他们在一些问题的理解上出现了分歧。有一次，哈普对修女说："您期望无尽的宽恕，您怎能忘了暴力，忘了腐败，您怎么会不愤怒？"

修女回答道："不，你错了，哈普先生，我也会愤怒，不仅如此，我常常生气。当我看到弃婴，我很生气；当我看到一个孩子生活在恶劣的环境里，我很生气；当我看到年轻的女孩在战争中被虐待，我很生气。但是我必须宽恕，否则我怎么继续工作？我可以宽恕，但我并不接受。"

从这段话中，我们能够了解到特蕾莎修女对于宽恕的看法，特蕾莎修女也会对罪恶和暴行感到愤怒，但是她最终会选择宽恕，至少不是为了别人，而是为了自己的心境和工作。如果不能放弃内心强烈的愤怒感，那么人就会永远地被心中的怒火所焚烧，不停地忍受这种折磨，既不能安心地学习工作，更无从享受生命。

作恶的人是应该受到惩罚，但是当他们为此付出了代价并决心悔改之后，就可以得到世人的原谅。如果那些人对他人造成的伤害程度不深的话，那么就让我们对他们的过错一笑了之吧。我们经常看到武侠电视剧里那些报仇的情节，结果是冤冤相报没完没了，受苦的反而是那些报仇的人，他们的人生中没有快乐，他们为了报仇放弃了爱情、友情，甚至生命。

不要在人生中播撒怨恨的种子

传说，古代的时候，有一位画家在集市上卖画，不远处，前呼后拥地走来一位大臣的孩子，这位大臣在年轻时曾经把画家的父亲欺诈得心碎而死。这个孩子在画家的作品前流连忘返，并且选中了一幅，画家却匆匆地用一块布把它遮盖住，并声称这幅画不卖。

从此以后，这孩子因为心病而变得憔悴，最后，他父亲出面了，表示愿意付出一笔高价买下那幅画。可是，画家宁愿把这幅画挂在自己画室的墙上，也不愿意出售。他阴沉着脸坐在画前，自言自语地说："这就是我的报复。"

每天早晨，画家都要画一幅他信奉的神像，这是他表示信仰的唯一方式。

可是现在，他觉得这些神像与他以前画的神像日渐相异。

这使他苦恼不已，他不停地寻找原因。有一天，他惊恐地丢下手中的画，跳了起来：他刚画好的神像的眼睛，竟然是那大臣的眼睛，而嘴唇也是那么的酷似。

他把画撕碎，并且高喊："我的报复已经回报到我的头上来了！"

这个故事告诉我们，一个人如果心存报复，自己所受的伤害会比对方更大。

人生就像是一块肥沃的土地，它既种植希望和成功，也会播种怨恨。但你要记住，最好不要在人生中播撒这种怨恨的种子。生活的经验告诉我们，不管我们的理由如何，怨恨总是不值得的。潜留在我们内心的侮辱、永难平复的创伤都能损坏我们生活中许多可爱的事物。我们被锁在自己的苦恼之渊里，甚至无法为别人的幸运而愉快。怨恨就像毒害我们的血液、细胞的毒素一样，影响、侵蚀着我们。

所以，无论你经历过怎样的痛苦，或者看到过怎样的人间惨状，都请记住：不要怀疑人生，不要怨恨他人，生命中总是有很多美好的东西。既然如此，我们为何不将怨恨化为宽容，停止这种难熬又难堪的自我折磨呢？

第五节　把痛苦升华为宽容

宽容之后，人的心境必定因此而到达更高远的境界，不再纠缠于小小的纠葛，整个人也会变得更加明亮清澈。

微笑着对别人说没关系

有一次，一位智者看见一只蝎子在水中团团转，他当即决定帮它。他伸出手指捉它，想把它捞到岸上来，可就在他的手指刚够到蝎子的时候，蝎子猛然蜇了他一下。

但这个人还是想救它，他再次伸出手去试图把蝎子捞出水面，但蝎子再次蜇了他。

旁边的一个人对他说："它老这么蜇你，你还救它干什么？"

这位智者说："'蜇人'是蝎子的天性，而'爱'是我的天性。我怎么能因为蝎子有蜇人的天性就放弃我爱的天性呢？"

宽容他人的人必定事先受到了某种伤害，就像上面这个故事中的智者一样，他一次又一次地被蝎子所蜇。宽容之前必定是痛苦，由他人有意无意地伤害或利益侵犯而带来的痛苦。宽容之时也必定是痛苦，因为别人伤害了自己，而我们还要强自忍下痛苦的念头，微笑着对别人说没关系。所以，宽容是双重的痛苦，正因为如此，宽容才变得如此不易，而宽容他人的人才如此难得。但是宽容之后，人的心境必定因此而到达更高远的境界，不再纠缠于小小的纠葛，整个人也会变得更加明亮清澈。

特蕾莎修女曾经在印度加尔各答的卡里神庙旁边建立了一个"安息之家"，她想在那里为一些垂死的可怜人提供临终关怀，但是这件事并没有得到当地政府和神庙主持以及信徒们的认可。信徒们甚至曾经在"安息之家"外面示威，他们认为特蕾莎修女亵渎了印度教的圣地。他们赤裸着上身，举着喇叭、标语、横幅，带着愤怒和怨气，他们还砸碎了"安息之家"的玻璃。但是后来，当他们了解到一个情况之后，他们便完全改变了对修女的看法，不再来找麻烦，反而帮助修女们上街寻找病人，捐钱给修女。是什么样的事让这些人有了如此大的转变呢？

原来，特蕾莎修女收留了神庙的住持。住持一直被虔诚的印度教徒视为圣人，但是当他患上了严重的肺结核病之后，加尔各答的所有医院都拒绝收留他。在当时，肺结核病还不能得到很好的医治，更何况这还是一种传染病，所以主持一时间无家可归了。

特蕾莎修女收留了他。修女没有介意从前主持对她的排斥和不谅解，而是悉心地照料他、帮助他，正是这件事打动了政府的官员和信徒们，才让他们彻底改变了态度。

在整个事件的过程中，特蕾莎修女经受了许多痛苦和麻烦，"安息之家"甚至差点儿被这些人毁掉，但是通过对他们的宽恕，特蕾莎修女的人格更加完善，也更受人们的尊敬了。

所以，宽容是对别人的谅解，不仅对他人有益，对自己也是一种难得的体验和提升。俗话说："海纳百川，有容乃大。"如果大海没有宽广的胸怀去接纳世上的一切溪流江河，它怎能形成波澜壮阔的大气魄呢？

读到这里，你是否想起了某个阳光明媚的下午，因为某位同学的一句"你这发型真老土"而从此拒绝和他说话？是否想起某个人的戏言——"他整天就知道看书，书呆子"而终日闷闷不乐，甚至你曾因为种种相似的情景而让自己的朋友花名册上空无一人？

现在想想，多少有一些不值得吧，不懂得宽容别人，也就同时孤立了自己，放弃了一次又一次原本可以获得成长的大好机会。在以后的日子里，我们重新开始吧。

第六节　要想得到宽恕，就要
先宽恕别人

特蕾莎修女曾说过："宽恕他人者，自己也将得到宽恕。"原谅别人，

是对待自己最好的方式。因为释放了自己，才能有幸福自由的心态。

原谅别人是对待自己最好的方式

特蕾莎修女曾说过："宽恕他人者，自己也将得到宽恕。"

伟大人物的思想中总是不可避免地有一些相通的东西。有一位哲人说过一句与特蕾莎修女类似的话，那就是："宽恕并不是给别人一条生路，而要给自己一条生路；不是释放别人，而是释放自己。让我们的心从不能自拔的痛楚中挣脱出来，使自己好过一些。毕竟伤害已经造成，久久不能释怀的愤怒只会造成二度伤害，最终得不偿失。"

大多数人在受到伤害之后一直以为，只要我们不原谅对方，就可以让对方得到一些教训。也就是说，只要我不原谅你，你就没有好日子过。而实际上，不原谅别人，表面上是那人不好，真正倒霉的人却是我们自己。一肚子窝囊气不说，甚至连觉都睡不好，时间长了就会积出病来。

原谅别人是对待自己最好的方式。因为释放了自己，才能有幸福自由的心态。

正如《圣经》中所说的："原谅他们（迫害者）吧，他们在做些什么，自己也不知道啊！"许多的人，他们疯狂地做错事的时候，是和动物一样不自知、不自愧，也不知道理的。

如果你比他们更有思考力，更知对错，就应可怜他们的不觉醒，就应帮助他们达到像你一样的觉悟。深怀这样的悲悯之心，还有什么过错不能谅解呢？别人还有什么过错会使你耿耿于怀、烦恼痛苦呢？

谅解他过，解脱吾心

南非前总统曼德拉因致力于南非种族斗争而遭逮捕，在荒凉的大西洋罗宾岛度过了将近27年的监禁生活。当时曼德拉年事已高，但牢房看守依然像对待年轻犯人一样对他进行残酷的虐待。

罗宾岛上岩石密布，到处是海豹、蛇和其他动物。曼德拉被关在集中营里的一个"锌皮房"里，白天打石头，将采石场的大石块碎成石料。他有时要到冰冷的海水里捞海带，有时干采石灰的活儿——每天早晨排队到采石场，然后被解开脚镣，在一个很大的石灰石场里，用尖镐和铁锹挖石灰石。因为曼德拉是要犯，看管他的看守就有3人。他们对他并不友好，总是寻找各种理由虐待他。

然而，曼德拉出狱当选南非总统以后，并没有计较前嫌，他在就职典礼上的一个举动震惊了世界，被人们尊称为"神迹"。

总统就职仪式开始后，曼德拉起身致辞，欢迎来宾。他依次介绍了来自世界各国的政要，然后他说，能接待这么多尊贵的客人，他深感荣幸，但他最高兴的是，当初在罗宾岛监狱看守他的3名狱警也能到场。随即他邀请他们起身，并把他们介绍给大家。

曼德拉的博大胸襟和宽容精神令那些残酷虐待了他27年的人汗颜，也让所有到场的人肃然起敬。看着年迈的曼德拉缓缓站起，恭敬地向3个曾虐待他的看守致敬，在场的所有来宾都安静下来了。

后来，曼德拉向朋友们解释说，自己年轻时性子很急，脾气暴躁，正是狱中生活使他学会了控制情绪，因此才活了下来。牢狱岁月给了他时间与激励，也使他学会了如何处理自己遭遇的痛苦。他说："感恩与宽容常常源自痛苦与磨难，必须通过极强的毅力来训练。"

获释当天，他的心情平静："当我迈过通往自由的监狱大门时，我已经清楚，自己若不能把悲痛与怨恨留在身后，那么我其实仍在狱中。"

只有谅解和接受曾经伤害过你的人，才能获得心灵上的自由。如果内心一味地充斥着对别人的仇恨，不肯原谅曾经伤害过你的人，不但会使别人生活在痛苦之中，自己的心灵也无法得到解脱。

所以，与其一直注视着那件使你愤恨的事，倒不如转移方向，去看看其他的事情，用爱从事各项关怀行动。我们的心如同一个容器，当爱越来越多时，怨恨就会被挤出去。我们不需要一味地、刻意地去消除怨恨，而需要不断地用爱来充满内心，用关怀来滋润胸襟，怨恨自然没有容身之处。

第7章

"我不仅要言传，还要身教"

——感召力让爱畅通无阻

特蕾莎修女曾经对记者说过："我从来不为钱发愁，可上帝总是源源不断地送来。"为什么大家这么信任她，愿意把钱捐助给她呢？因为特蕾莎修女值得信赖，人们相信她绝对不会中饱私囊。所以不只是有钱的人愿意捐钱给他，就是那些没有钱的老人、乞丐，甚至是孩子都愿意把自己的钱给她，这就是人格感召力的力量。

第一节　没人能抗拒感召的力量

感召力是一种让人乐于接受的控制力，没有人能够抗拒它，因为它来得悄无声息，等你察觉时，早已经被它虏获了。

增强自身的感召力

我们经常苦恼，为什么我身为班长，却没有人听我的话呢？为什么作为课代表的我总是不能让同学们按时交作业呢？为什么我的提议在朋友们中间总是得不到采纳，而李明的建议明明不好可大家都会配合呢？你是不是很沮丧？出现这种情况最重要的原因就是你缺乏感召力。

有人说，感召力本质上是一种控制力。更准确地说，感召力是一种让人乐于接受的控制力。它与权力不同，感召力不是强制性的。它发挥作用的过程是很微妙的，它以一种潜意识的方式来改变他人的行为、态度和信念。没有人能够抗拒它，因为它来得悄无声息，等你察觉时，早已经被它虏获了。这就是我们需要培养自身感召力的原因，人与人的交往不仅仅是沟通与交流，有的时候则是意志力的对抗，不是你影响别人，就是你被别人影响。

拿破仑·希尔曾经说过："在别人的影响下生活着，就等于被别人的意志给俘虏了，这样的人即使再优秀，也不会登上一把手的宝座。"

你可能会有疑问：难道感召力的力量真的有这么强大吗？我们来看看梁山好汉宋江的例子就知道了。

宋江之所以能坐上梁山的头把交椅，靠的也是感召力的威力。
论武艺，他比不上林冲、武松、鲁智深等人。就连李逵，在沂岭上连杀四虎,勇猛过人,也比他强多了。论文采,他比不上会写苏、黄、米、蔡四家字体的"圣手书生"萧让。论计谋,他比不上"智多星"吴用、"神机军师"朱武。就算是依照前首领晁天王晁盖的遗言,首领一职也应该是由活捉了史文恭的卢俊义接任。不管怎么说,都轮不到又黑又矮、出身卑微的宋江。可是众英雄就是只服他一个人,并且言听令从。

感召力就是有这样一种独特的魅力,时时刻刻影响着周围的人,就算后来对他的招安路线心怀不满,也没有人弃之而去,还跟着他南征北讨。到最后马革裹尸、断臂出家、毒酒穿肠,也没有一个人对他心怀仇怨。特蕾莎修女也和宋江一样,拥有众多的追随者。

有一次,特蕾莎修女问一个叫亚鲁的小孩子,"小朋友,你想听故事吗?我可以讲好多好听的故事给你听,愿意吗?"

亚鲁一听说有故事听,就叫了起来:"你会讲故事?你真的会讲故事?从来没人给我讲过故事呢。"说着他把自己的其他小伙伴也叫过来,"你们快过来,修女要给我们讲故事呢。"

特蕾莎修女给他们讲了一个很普通的故事,可孩子们却听得津津有味。特蕾莎修女刚一讲完,亚鲁就恳求道:"再讲一个嘛,修女,再讲一个,好不好?"

特蕾莎修女意识到这是引导孩子们认字的好时机,就问道:"你们喜欢听故事吗?"孩子们都说愿意。

讲完故事以后,特蕾莎修女还教他们认字。他们学得认真而且仔细,很快就把特蕾莎修女教的字都记住了。

特蕾莎修女准备离开时,亚鲁走过来,仰起圆圆的小脸,非常期待地对她说:"婆婆,我们明天还可以来吗?"

特蕾莎修女答应了他们,没过多久,这里很快就有了40多个孩子来听她的讲课。

亚鲁的母亲给特蕾莎修女送来一个木箱,说是请她当凳子用。还有个孩子的父亲给特蕾莎修女送来了一块小小的黑板。上课了,每个孩子手上都捏着一根小木棍，或一根小树枝，那就是他们的笔。孩子们坐在地上，面前的空地既是他们的桌子，也是他们的本子。特蕾莎修女在黑板上写一个字，他们就在地上写一个字。边写边读，边读边写，就这样，一个单词很快就写会了。上算术课的时候，孩子们一边背诵加减法口诀，一边手舞足蹈，有的孩子恨不得从地上蹦起来。看得出来，学习使他们感到很快乐。

特蕾莎修女从讲故事开始，引导孩子开始认字学习，她这种充满爱意的感召力让孩子们纷纷主动来听她讲课，令人赞叹不已。

从我做起，感召他人

特蕾莎修女创办的"半垂死之家"，虽然有世界各地的不少热心人捐助，但是仍然时常面临着经济危机，这时候特蕾莎修女便发动修女们外出乞讨或者找寻其他的渠道来维持运转，在她看来，要想救助别人，首先要具备自食其力的能力。

有一段时间，加尔各答街头的椰子树上结满了果实。人们喝了里面的椰子汁后就把椰壳随手一扔。结果，加尔各答街道上到处都是椰壳，根本来不及清理，这让市政当局感到非常棘手。于是，"半垂死之家"的修女们就将椰壳收集起来，让能干活的病人用这些椰壳的纤维做些有用的东西。这样就可以变废为宝了，不仅解决了市政当局的难题，而且病人也有不少的收入。他们能用自己的双手挣钱是多么满足的一件事情啊！市政当局对此也很满意。

椰壳没了，修女们就收办公废纸。每周，她们将6公斤废纸分发给一些贫穷的家庭，让他们变废为宝，然后再拿出去卖。许多贫穷家庭都需要这种收入。修女们还捡出那些一面比较干净的废纸，把它们做成练习本发给家境贫寒的学生。

这就是特蕾莎修女维持生计的方式，她领导修女们总在尽其所能地自立自强，正是这种精神感召了许多人，让他们主动伸出了援助之手。

特蕾莎修女出生于马其顿一个农民家庭，在长达 70 多年的时间里，献身于救助穷苦人、残疾人的事业，在加尔各答和世界各地创办了 70 余所学校、医院、救济所、孤儿院和残疾人家园。她逝世后，各国政要纷纷表示哀悼，联合国秘书长安南也发表讲话，称赞她极富同情心，致力于为穷苦人谋福利，并带给他们希望。特蕾莎修女成了慈爱的代表，她的感召力远远超过了一些愚弄人民、压榨人民的政治首脑。

因为感召力有这样的力量，所以，我们才需要提升自己的感召力。只要拥有了这种力量，你就再也不用为没人愿意听你的意见而烦恼了。

第二节　感召力让路越走越宽

感召力亦称"领袖气质"，是个人具有的一种人格特质，尤指那种神圣的、鼓舞人心的、能预见未来、创造奇迹的天才气质。

感召力会让你一往无前

塞缪尔·斯迈尔斯说："尽管一个人优秀的品格的声誉增长很慢，但是，他的真实的品格是不能完全被抹杀的。他们可能会被一些人曲解，被另一些人误解：在一段时间内，不幸和苦难可能会笼罩他们的生活，但是，通过耐心地等待和忍耐，他们最终会赢得他们本应该得到的尊重和信任。"

了解特蕾莎修女的人都知道，虽然特蕾莎修女淡泊名利，但她的威望、她的感召力仍然给她带给了许多帮助。特蕾莎修女的工作开始的时候并不是很顺利，起初，在天主教会内部，即使是苦修的神父，也对她全力以赴的仁爱实践不以为然，甚至认为她大错特错，是走火入魔。她和她的团队曾经被多个国家的政府驱逐出境，甚至有人跟在她们身后振臂高呼："滚回印度去！"

有人指责她对穷人的疾苦知其然，不知其所以然，因为她从来不谴责和抗议不合理的体制。

当人们真正认识特蕾莎修女时，就都被她的行为深深地打动了。在她的感召力下，所有对她不利的指责都慢慢平息了。

无法拒绝的感召力

自从1850年以来，梵蒂冈就再没有批准过新的修会成立了，可1950年10月的一天，罗马教廷竟然批准了她的申请，同意她在加尔各答创办一个崭新的修会。这时特蕾莎修女的仁爱事业只不过刚刚开展了两年多，但罗马教皇就认可了这个年轻的新修会。这对于规矩重重的罗马教廷来说，是一个异常迅速的承认，也是一个极其难得的承认。在她的感召下，她的修会从10人发展到12人，再到现在的十几万人。

在印度，只要染上了麻风病，就会立刻被当作垃圾丢弃，成为卑贱的不可触摸者——被迫流浪到荒郊野外，与社会完全隔绝。特蕾莎修女打算立即着手成立一个麻风病收容中心。但是，这个决定很快就遭到了市民们的强烈反对，特蕾莎修女只能和其他修女们做起了流动诊所的工作，她们亲自为病人清洗、打针、包扎伤口，并像朋友一样地抚慰他们，鼓励他们。她总是说："如果你们希望人们改变对你们的态度，那么，你们必须首先改变自己对自己的态度。"

终于，她的行为和语言以及慈悲与善良深深地感动了许多本性敦厚的人们，他们纷纷慷慨解囊。到1957年年底，印度政府终于同意特蕾莎修女在加尔各答的郊外一个叫哥布拉的地方建立第一所麻风病收容中心。1961年，印度政府终于同意拨给特蕾莎修女一块土地作为收容中心。

特蕾莎修女请求教皇批准仁爱传教修女会成为教皇直接管辖的国际性修会。特蕾莎修女说："这样，我们就可以在全世界的任何一个地方成立会院为穷人服务了。"

教皇接受了特蕾莎修女的申请，对于这个文弱修女所提出的任何要求，他似乎都无法拒绝，仿佛有一种神奇的力量推动着他似的。

就是从这个时候开始，特蕾莎修女在世界各地建立了不同的会所来帮助需要帮助的人。

到 1997 年特蕾莎修女逝世时，仁爱传教修女会已在世界各地开办了 600 多所会院，分布在 127 个国家，共有修女、修士 7000 多人，其中修女 4500 人，分别来自 117 个国家，有很大一部分修女来自印度的中产阶级，有的甚至是出生于婆罗门阶层的贵族小姐。特蕾莎修女并没有特意做什么，她的事业之所以能发展到全世界，我们完全可以这样说，是感召力让她的道路越走越宽，是感召力让人们无法也不忍心拒绝她的请求。

第三节 战火也无法与感召力抗衡

联合国为南斯拉夫与科索沃之间的内战调停斡旋了几次都无法让双方停火，而特蕾莎走进战区，双方就停止了交锋。

无坚不摧的感召力

特蕾莎修女的个人魅力让世界震撼。我们从特蕾莎修女的脸上能感受到一种慈悲和怜悯。很多与她接触过的人都有一个共同的感受，那就是，她身上有一种神奇的魅力，只要与她接触，你就会不由自主地被她抓住，被她吸引。这就是特蕾莎修女的感召力所在。这种感召力并不是因为她所讲述的天堂，而是因为她的简朴、真实、自然，因为她在真诚的微笑之中所流露出的适度的批评，因为她毫不做作、毫不掩饰地表现出来的人性。当然还有一个重要的原因，那就是上帝无所不在的慈爱，像瑰丽的玫瑰花瓣一样撒落在她羸弱的身上，并成了一种让人感受得到的光芒。

人格魅力，是指一个人具有较为完美或独特的人格并由此对他人产生感召力、亲和力、吸引力。而人格，则由思想、修养、道德、意志、气质、情感及性格等诸多元素综合而成。

科索沃与南斯拉夫发生内战，在战区还有一些妇女、儿童没有逃离出来。特蕾莎修女请求指挥官停火："你们这些男人要打到什么时候？战区的妇女与小孩逃不出来。"指挥官很无奈地表示："我想停火，可对方不停呀，我也没有办法！"特蕾莎说："那只好我走进去了。"当特蕾莎走进战区以后，双方发现是伟大的特蕾莎走进战区了，便立刻停火！

当特蕾莎带着妇女与儿童离开战区后，双方又开始激烈交火。这事传到联合国秘书长安南的耳朵里，安南深深地叹了口气，说道："这件事，是我无论如何也办不到的呀！"联合国为南斯拉夫与科索沃之间的内战调停斡旋了几次都无法让双方停火。而特蕾莎走进战区，双方就停止了交锋。

我们或许觉得不可思议，但特蕾莎修女凭借自己的个人魅力让这件不可思议的事情发生了。她的魅力就连同样备受世界妇女爱戴的戴安娜王妃也感到羞愧。

个人魅力的力量

戴安娜王妃去印度访问时约见过特蕾莎修女，回国后她说：

"当我与特蕾莎修女握手时，我才发现特蕾莎没有穿鞋，而我却穿了一双白色的高跟鞋，真羞愧呀！"

1997 年，戴安娜的葬礼正吸引世人目光的时候，特蕾莎去世的噩耗传来，引起了全世界更大的震动：在印度，成千上万的普通人冒着倾盆大雨走上街头，悼念他们敬爱的"特蕾莎修女"，政府宣布为她举行国葬，全国哀悼两天，总统为此宣布取消官方活动，总理亲往加尔各答敬献花圈，发表吊唁演说；从新加坡到英国，从新西兰到美国，各国元首和政府首脑纷纷发表讲话，为这位"仁慈天使"的逝世感到悲痛；联合国教科文组织专门发表声明向她致敬，罗马教廷专门举行弥撒为她追思；菲律宾梅辛称她为"代表和平、代表牺牲、代表欢乐"的象征；印度最大的清真寺的伊斯兰教长布哈里说她是"一位'永生的伟大的圣人'！"

由此可见，个人魅力是何等重要，一个人如果拥有极强的个人魅力，就算他没有官衔，人们仍然会尊敬他、崇拜他。

第四节　美德的感召可以平息一切

权力感召力与非权力感召力并不成正比，其中道德起着非常重要的作用，道德品质的力量使他们对外界产生着巨大的感召力。

良好的品德是感召力的核心

现在很多同学都遇到过学校暴力，很多高年级、身体壮的人喜欢欺负看起来比他们弱小的同学。你碰到过这种情况吗？他们不公正地对待你，最后却还理直气壮。面对这些人的时候，你是不是很慌张？特蕾莎修女和你一样，也曾经受过到歹徒的骚扰。但她用自己的坚定震慑住了歹徒。这又是感召力的一种体现。那么特蕾莎修女到底是怎么做的呢？

在特蕾莎修女为穷人工作的开始阶段，总有一些歹徒给她制造很多麻烦。他们要么试图烧掉康复中心的房子，要么劫持修女，将她们推入河中。1952 年，特蕾莎修女在一座印度庙的旁边建起了"安息之家"，以让那些可怜的人在弥留之际能享受一下人间的温暖。这一举动惹恼了寺庙的和尚，他们聚集在收容所外，砸碎了玻璃，焚烧仁爱传教修女会的会服，并且扬言要杀死特蕾莎修女。特蕾莎修女用身体挡住大门，大声地说："你们要杀就杀死我吧，让这些垂死的病人平静地死去吧！"说完，她双手合十，双眼紧闭。她无所畏惧的精神震慑了闹事者。

这时当市议会官员为了平息骚乱，要强制驱赶他们，特蕾莎修女请求他进屋看一下那些垂死的人。他走进屋子里面，尤其当他看清屋子里面的真实情形时，他就一句话也说不出来了。他所看到的人，没有一个不是患着肮脏恐怖的疾病，身上烂得东一块西一块的，更没有一个是有力气自己照顾自己的，大多数人都是气息奄奄的样子。但修女们却在服侍他们。他看到，一个长相清秀的年轻修女正俯在一个老人身边为他清理伤口，而他的伤口里竟然生满了令人作呕的蛆虫。

官员站在那里，一句话也说不出来，他脸上的表情异常复杂，有惊讶，有恐惧，有疑惑，也有深深的感动。

示威的人们看见官员出来，拼命地欢呼，他们肯定以为特蕾莎修女已经屈服了。官员对他们说："我答应你们，我会驱逐她的，我会的。"说到这里，官员突然话锋一转，"但是，除非我看到你们的父母、兄弟、姐妹，每天进出这里，接替她们的工作，我才会来驱逐这个修女。"

从这以后，就再没人来找过特蕾莎修女的麻烦，并且印度教徒们看到特蕾莎修女的工作后，态度也慢慢改变了。他们不仅不再反对特蕾莎修女，还帮助修女们上街找寻病人，并且捐钱给特蕾莎修女。有些印度教徒到神庙里来祭祀的时候，还会到"安息之家"看一看，顺便给特蕾莎修女带来一些日常用品。有个印度教徒对特蕾莎修女说："现在我知道你们在这里干什么了，你们把那些不幸的人拖回来，然后再把他们背到天堂里去。"

在特蕾莎修女和闹事者的较量中，我们知道，感召力的真正核心是品格。而诚实、正直和仁慈这些品质是一个人品格的最重要的方面。正如一位古人所说的："即使缺衣少食，品格也先天地忠实于自己的德行。"具有这种品质的人，一旦和坚定的目标融为一体，那么他的力量就可惊天动地，势不可当。

高尚的品德更能激励他人

1911 年的诺贝尔和平奖获得者阿尔弗雷德·弗里德是奥地利著名的记者。少年时代，阿尔弗雷德就是一个善良的孩子。因为家里比较贫穷，所以父母每天都为了一家人的生计奔波忙碌。为了能帮助父母减轻一点负担，小阿尔弗雷德决心去摆一个小书摊，并把自己的计划告诉了父母。

最初，阿尔弗雷德的父母并不同意他这么做，担心这样会影响到他的学业。后来，在阿尔弗雷德的软磨硬泡下，他的父母终于同意了。

很快，小阿尔弗雷德就成了一个小书摊的摊主了。因为他服务热情，而且有很多有趣的图书，所以小书摊的生意特别好。在劳动中，小阿尔弗雷德学到了许多知识，也认识了很多朋友，每天都过得特别充实。

有一天，已经接近傍晚了，小阿尔弗雷德麻利地收拾东西，准备回家吃晚饭。这时，有 4 个和他差不多大的孩子围了过来，其中一个还故意碰翻了书摊。小阿尔弗雷德正要责备那个孩子，另一个孩子赶紧说对不起，并帮着他去捡书。

　　小阿尔弗雷德刚说了一声"谢谢"，冷不防被其中一个孩子绊倒了，这时，4个孩子一起冲上来，把他压在身子下面。一个孩子厉声问道："你的钱呢？钱在哪里？快点给我们！"

　　当4个孩子在他身上乱搜的时候，他又气又急，慌乱中，他忽然看见街对面有一个警察，就大喊了一声："警察来了！"那4个孩子看见警察来了，都慌了，爬起来就跑。其中有一个孩子比较小，跑得慢，所以被小阿尔弗雷德一把抓住了。

　　警察过来了，看着凌乱的书摊和两个孩子，很严肃地问道："这里发生了什么事？你们两个在做什么？"

　　小阿尔弗雷德看了看旁边那个孩子，说："他想……他想租书看，可是我要收摊回家吃晚饭了，所以他就帮我收拾摊子。"

　　警察见没有发生什么事情，就微笑了一下，走开了。小阿尔弗雷德拉了拉那个孩子的手，说："来，快点帮我收拾东西。"

　　那个孩子感到很意外，他迷惑不解地问阿尔弗雷德："刚才，你，你为什么不报告警察？"

　　小阿尔弗雷德并没有回答，却反问那个孩子："你们为什么要来抢我的钱呢？"

　　那个小孩低下头，不好意思地说："我们已经观察你好几天了，本来也没想抢你的钱，可是今天我们没有弄到吃的东西，都饿坏了，所以才……"

　　"就因为我看你们的衣服很破旧，所以我知道你们抢钱肯定也是迫不得已，我也是穷人家的孩子，所以我才没有报告警察。"小阿尔弗雷德诚恳地说。

　　收拾好书摊之后，小阿尔弗雷德对那个孩子说："你跟我一起走吧，咱们一起吃饭去。"

　　那个孩子很感动地点了点头。小阿尔弗雷德带着他到附近的小吃店里，吃完饭后，又买了几张饼，说："你带给你的朋友们吧。欢迎你们明天还到我这里来，我可以请你们免费看书。"

　　第二天，直到很晚了，那4个孩子才来。这时，小阿尔弗雷德才知道，他们原来都是流浪儿，靠乞讨和拾破烂为生。从那以后,小阿尔弗雷德总是尽量帮助他们,而这4个孩子只要有时间,就会聚集在书摊上看书,帮小阿尔弗雷德收拾书摊。后来,他们成为很好的朋友。

故事中的4个孩子和小阿尔弗雷德成为好朋友,并不仅仅是因为小阿尔弗雷德懂得爱,更是因为他们也同样懂得用爱表达自己的感情。

在现实生活中,我们经常可以看到这样的现象:某位官员位高权重却没有什么感召力,而一个平民百姓却可以受人尊敬、受人爱戴,所以权力感召力与非权力感召力并不成正比,其中道德起着非常重要的作用,道德品质的力量使他们对外界产生着巨大的感召力。

可见,高尚的品德对于一个人的感召力特别是非权力感召力来说是多么重要。在当今社会,我们既要用知识武装头脑,又要加强自身道德修养,做他人的榜样和楷模,从而影响和激励他人,达到团结他人、共同奋进的目的。

第五节　通过人脉关系感召他人

一个人的成功有时并不在于他有多强的能力,当一张无所不至的人际关系网撒下时,就已经成功了一半。

——卡耐基

非权力感召力

1981年,特蕾莎修女给当时的美国总统罗纳德·里根写信,请他帮助埃塞俄比亚的难民。仅仅几个小时后,里根就向那里的难民送去了援助。我们不得不感慨修女的感召力之强大。实际上,在修女的一生中，她拥有很多位高权重的朋友，这些朋友常用职务的便利帮助和支持她。第一个为修女的工作做宣传的政治领袖是孟加拉邦前总理罗伊博士，罗伊博士曾对一个记者说："当我登上总理府的台阶时，我首先想到的是一生致力于救助穷人和无家可归者的特蕾莎修女。"这样一句简单的评论为修女赢得了无数的捐助。另一位孟加拉邦前总理乔提·巴苏对她在加尔各答的活动给予大力支持，要知道，如果没有这些人的支持，救助那么多麻风病人和穷人几乎是不可能的。乔提·巴苏甚至破例允许她为女子监狱的犯人们建立康复所。在英迪拉·甘地夫人的指示下，仁爱传教会的居民才能经常吃到一些特别的食物，甚至可以免费乘坐火车和印度航空公司的飞机。像这样的帮助特蕾莎修女一生中获得了无数次，别人做不到的事，修女的一封信往往就能解决。也正是在这些人的帮助下，修女才能帮助这么多的人，否则仅凭一己之力，就算修女再怎么努力，也是杯水车薪。

看到特蕾莎修女的这些朋友，我们不得不提到一个词——"人脉资源"。亚里士多德说："一个生活在社会之外的人，同他人不发生关系的人，不是动物就是神。"很多同学可能会说："人脉不就是互相帮忙吗？如果我帮不上别人的忙，人家凭什么要来和我打交道呢？"这是对人脉的一种误解。我们在这里要谈一个关于非权力感召力的概念。非权力感召力是一种对他人的感召力，是在与他人的交往中，在人际关系的互动中产生的。与他人建立真诚美好的关系是非权力感召力的源泉。

做站在巨人肩膀上的英雄

卡耐基曾经指出，一个人的成功有时并不在于他有多强的能力，当一张无所不至的人际关系网撒下时，就已经成功了一半。

他又指出，人们在事业和生活中的成功，15%靠的是专业知识，85%靠的是人际关系。作为一种人脉感召力，非权力感召力的获得依赖人脉的因素可能要高达 90% 以上。那么多领导人对特蕾莎修女的事业给予帮助就是对这句话最好的诠释。

非权力感召力是一种人脉感召力，所以拥有这种感召力的人总是拥有良好的人际关系，有时候通过单独行动来影响别人是有难度的，你需要他人的帮助，所以拥有这种感召力的人总是拥有良好的人际关系。他们广交朋友，在遇到困难的时候，他们依靠朋友的关系网，总能化解眼前的困难。即使有些这类的成功者智商并不高，但他们在事业上也能超人一等。

《射雕英雄传》里的郭靖就是这样的一个典型例子。

都说郭靖是个笨人，但是他却成了天下人佩服的大英雄。看看靖哥哥周围的人，他怎么可能不成功呢？郭靖的师傅不下 10 位，既有以侠义自称的江南七怪、擅长内功心法的马钰道长，又有武功盖世的洪老帮主、童心未泯的周伯通，更不用说聪明过人的奇女子蓉儿，等等。

正是这"多元化"的师资组合，使"笨"得像木头一样的郭靖终成一代大侠。郭靖虽然脑子反应比较慢，但他深深懂得，独腿走不了千里路，要真正在江湖上闯出一条路来，必须兼收并蓄，集众家之长。

学校是我们汲取知识的重要场所。学校里，有老师，有同学，有校友。这些人都将是使你日后学业有成、事业发展的资源，如果我们从现在就开始好好儿把握这些资源的话，他们终将会发挥出更加巨大的能量。

有一首歌唱得好，"千金难买是朋友，朋友多了路好走"；还有一句类似的俗语，"在家靠父母，出门靠朋友"；这两句说的都是人脉。人脉就是人际关系网，就是你结交的好人缘，就是在你需要时，可以毫不犹豫开口求助的那些人。这是一个 Teamwork 的年代，谁都不可能成为鲁滨孙那样的孤胆英雄，而应该是站在巨人肩膀上的英雄。

第六节　人格的感召获得了世界的捐助

一个人如果想要真正地感召别人，让别人信任自己，就必须要提升自己的人格，用自己的人格去感召别人。

品格高尚的人更具感召力

我们都知道，现在社会上有很多募捐活动，在社会上有一定影响力的个人也会组织募捐，他们募捐到的基金有多有少。与他们相比，特蕾莎修女几乎从不去募捐，可她创建的组织却有4亿多的资产，世界上最有钱的公司都乐意捐款给她。特蕾莎修女曾经对记者说过："我从来不为钱发愁，可上帝总是源源不断地送来。"为什么大家这么信任她，愿意把钱捐助给她呢？因为大家都相信她，相信她会把所有的捐助都用于慈善事业，而不会从中渔利。这就是人格感召力的力量。

只有品格高尚的人，才能获得人们的喜爱和合作。有时候，有些人即使与我们偶然相识，只有一面之交，也能引起我们内心的仰慕，让我们乐于与之亲近，这是什么道理呢？贺华勃说："这是一种不可言喻的两情相悦，它给予我们的，犹如芳香给予花儿一样。"品格高尚的人，才是真正有感召力的人。

夏尔·戴高乐曾说："那些具有品格的人会放射出磁石般的力量，对于追随他们的人来说，他们是最终目标的象征，是希望的象征。"

因此，值得信赖是赢得他人的普遍尊重和信任的通行证。

正因为特蕾莎修女值得信赖，人们相信她绝对不会中饱私囊，所以不只是有钱的人愿意捐钱给他，就是那些没有钱的老人、乞丐，甚至是孩子都愿意把自己的钱给她。

那么怎样才能赢得这种伟大的人格感召力呢？或许富兰克林可以给你答案。

提升人格，感召他人

富兰克林是美国资产阶级革命时期的民主主义者、著名的科学家，他一生很受人们爱戴和尊敬。但是，富兰克林早年性格乖戾，虽无恶行，但不是一个受欢迎的人，所以做事经常碰壁。

富兰克林在失败中总结经验，他为自己制定了 13 条行为规范，并严格地执行，很快就为自己铺就了一条通向成功的道路。

在这里我们选择其中的 9 条：

一、信心：成功来自于强烈的祈盼，孕育于痛苦的挣扎是追寻自我冒险最终超越自我的一种必然，无论做任何事情都要信心十足，不敢付诸行动，成功就不会向你招手。

二、正直：坚定地遵守内心的道德准则，严格要求自己客观地面对生活中的人和事。

三、勤奋：不要荒废时间，永远做有意义的事情，拒绝去做那些没有多大实际意义的事情，对于自己的人生目标坚定不移。

四、真诚：不做虚伪欺诈的事情，做事要以诚挚、正义为出发点，如果你要发表见解，必须有根有据。

五、正义：不做任何伤害或者忽略别人利益的事。

六、中庸：避免极端的态度，克制对别人的怨恨情绪，尤其要克制冲动。

七、清洁：不能忍受身体、衣服或住宅的不清洁。

八、镇静：遇事不要慌乱，不管是普通的琐碎小事，还是不可避免的偶然事件。

九、贞洁：绝不做任何干扰自己或别人生活的事，也不要做任何有损于自己和别人名誉的事情。

　　正是富兰克林在品格上的悉心修炼使他成为美国著名的政治家、科学家和社会活动家，也成为美国历史上有影响力的人。

　　所以，一个人如果想要真正地感召别人，让别人信任自己，就必须要提升自己的人格，用自己的人格去感召别人。

第 8 章

"在熄灭中唤醒生命的真谛"
——让爱的灵魂永存于世

特蕾莎修女遍及世界的爱,让世人的目光开始转向她身上。蕾莎修女那自由的灵魂,超越所有种族、宗教、主义信条和国家的屏障,在充满了战争和仇恨的苦难世界,特蕾莎修女的存在和她所做的一切,为全人类的未来带来了新的希望。

第一节　培养爱的接班人

特蕾莎修女坚持加入她修会的修女们要以喜悦的心情为穷人服务，以减轻他们的悲苦感受。

传递爱

1950 年 10 月 7 日，这一天，特蕾莎修女所领导的仁爱传教修女会终于成立了，这个由中产阶级的女孩们所组成的贫民区的仁爱传播会终于在加尔各答成立了。特蕾莎修女的仁爱事业开展了不到两年的时间，但从整个罗马教廷来看，这却是一次迅速而又难得的承认。

从此以后，特蕾莎修女的修会不断壮大，积极而又虔诚的年轻女孩都踊跃地加入仁爱传播会。特蕾莎修女没有因此变得骄傲自满，因为她清楚，这些年轻的女孩原本可以有大好的前途。她也知道，不是每个人都有勇气一直坚持自己的选择，万一她们只是出于浪漫的想法，或者只是心血来潮，所以，她给她们留了退路，允许她们改变主意。

特蕾莎修女还坚持给那些未完成学习的女孩讲课，鼓励她们自学，还要她们回学校参加毕业考试。而这些女孩都取得了优异的成绩，并且，她们都心甘情愿地留在修会。

在这个满怀爱的团体里，女孩们快乐而又富有，但是也确实贫穷。每个修女们的所有财产就是：1 枚十字架，几本经书，3 套滚着蓝边的白色会服（1 套穿、1 套洗、1 套晾干），1 双凉鞋，1 个陶瓷碟子（吃饭用的），1 块肥皂，1 个洗漱盆，1 只标记了号码的铁桶（这是存放所有这些东西的用具）。

通常，她们三四个人住在一个房间里，米饭和素菜是她们每天的食物。

她们没有任何家用电器，甚至一台风扇都没有，她们只有几部用来收听新闻的收音机。

事实上，每个自愿加入修会的女孩在入会以前都知道在仁爱传播会生活的艰辛，她们也有自己的追求，但她们还是会选择跟随特蕾莎修女，虽然这听起来很神奇。特蕾莎修女曾自豪地说："我们教会只有少数的修女最后离开了，当然那也只是相当少的几个而已。"当然，特蕾莎修女不会责怪她们，她在清规里加了一条：愿主保佑这些曾经属于这个修会的女孩，为她们祈祷。

还有这样一件事：

在仁爱传教修女会创立初期，有个叫安德瑞雅的修女在一次医科考试中得了第一名。她兴致勃勃地拿着奖章去向特蕾莎修女报喜时，特蕾莎修女却反问她："那么，你打算用它来做什么？"

安德瑞雅回答道："这我真没想过。"

特蕾莎修女说："你知道的，这个奖章对你没有任何意义。你是一个为穷人服务的修女，要这枚奖章有什么用？你又不会去开诊所，也不可能需要什么学术头衔。"

安德瑞雅知道特蕾莎修女的意思了，她立马退回了奖章。

安德瑞雅退回了奖章，却因此获得了一种释然，荣誉不就是一种捆绑与负担吗？

仁爱传教会服侍的穷人不是一般的穷人，他们甚至可能够不上穷人的称呼。他们身上肮脏，所以进不了教堂；他们不吃东西，因为已经没有力气去吃了；他们倒在街头，可是没人理会；他们不会哭泣，因为眼泪早就流干了。而仁爱传教修女会的存在就是为了这些穷人。特蕾莎修女曾经对一位朋友说过："我们的修会只为了最穷的人存在，也就是给那些最穷的人寻找食物。甚至只是食盐和大米，而且天天都是如此。"

延续爱

仁爱传教会以同情和爱心去对待穷人中的最穷苦者，这是她们的使命。为此，她们要去全世界的城市、乡村，甚至隐匿其间的黑暗角落，寻找那些最贫穷者、被遗弃者、病弱者、麻风病患者、垂死者、绝望者、迷失者及流浪者，照顾他们，尽力帮助他们，殷勤地探望他们，给他们传达基督的爱，并且唤起他们对基督大爱的回应。

当第一位前来协助特蕾莎修女的黛丝入会时，她将自己的名字改为艾格尼斯，这也是特蕾莎修女入会前的本名。她在刚加入特蕾莎修女的工作时，告诉她昔日的老师说，有许多圣玛利高中的学生也想加入她的行列。这些女孩子听说许多关于特蕾莎修女的事，都想来替她分担一些肩头上的重担。

来自圣玛利高中，想为特蕾莎修女工作的少女们络绎不绝。有时候她们就像从前的玛达兰娜，在期末考前就抛下了在罗雷多教会学校的课业。不过她们必须在特蕾莎修女的督导下完成她们的学业及期末考试。修会人数此时已增为 26 人，葛姆斯家庭好心地让她们利用这栋大房子的其他空间。

随着修会的修女人数陆续增加，特蕾莎修女不断教导她们每一个人如何照料病患以及垂死的人。她鼓励她们要把每一个人都当作天主的孩子一样看待。在《献给天主的礼物》一书中，她告诉初学者："对他们讲话要温柔轻声，要让你的面庞、你的眼神、你的微笑和你温暖的问候散发慈祥。永远都要挂着一个愉快的笑容在脸上。不要只顾照料，同时也要付出你全部的心。"

特蕾莎修女坚持让加入她修会的修女们要以喜悦的心情为穷人服务，以减轻他们的悲苦感受。她说："这些穷人们，不但应得到我们的奉献和服务，还应该得到发自人类爱心的喜悦。"尤其在他们必须日复一日地忍受严峻的困苦时，这更是具有疏解痛苦的功能。在一本阐述加入仁爱传教修女会所应具备之修女人格特质的小册子里，特蕾莎修女写道："若想成为修会的一分子，就必须'具有高度的幽默感'。"

虽然要做到这点很困难，尤其仁爱传教修女会的修女经常目睹悲苦，可是仍然有许多人申请加入。特蕾莎修女对她们都表示欢迎，不过她总是不忘警告她们："未来的生活将会充满艰辛，日子并不好过。"

从这以后，仁爱传教修女会的总部就一直坐落在加尔各答下环路54号的这栋小楼，直到今天。

第二节　为垂死的人建一个家

那些即将死去的人同样是生命，他们的生命一样尊贵，他们也有权获得相应的尊严，因为他们也是上帝的子民。

尊重逝去的生命

一天，特蕾莎修女坐火车去巴特那，中途她看见路边的大树下坐着一个流浪汉，看样子马上就要死了。没办法，特蕾莎修女只能在下一站的时候下车，然后又赶回去。只是等到她满头大汗地赶到那个流浪汉面前的时候，流浪汉却已经死了。特蕾莎修女呆呆地站在那里，她想，如果有人能在他临终前陪陪他，和他说说话，那么，他就不会死得那么孤独，那么凄凉。

于是，特蕾莎修女决定立马建立一个临终关怀院，先在摩提吉进行。

可是修女是没有钱财物资的，最后在高玛先生的资助下，特蕾莎修女租下了一间简陋的屋子，也有人说那是摩提吉的穷人集体捐助的。

屋子确实很简陋，但是有爱的地方就是天堂。

摩提吉的穷人们说这是等死屋，不过特蕾莎修女给它取了个美丽的名字，叫作"清心之家"，或者"净心之家"。

中午的时候，高玛先生带着女儿过来了，他们送来了一箱子的医护用品。高玛先生告诉特蕾莎修女："医院拒绝给我们绷带，可是小女儿却说，拿不到绷带我们就不走，最后医院只好给我们了。"

高玛先生的小女儿叫梅宝，此刻她就抱着两卷绷带站在高玛身后，她真是个人见人爱的孩子，头发乌黑，两只眼睛忽闪忽闪的。特蕾莎修女高兴极了，她走过去抱住小梅宝，亲切地说："小梅宝真是个小天使，太谢谢你了。"

医护用品准备好了，特蕾莎修女还在屋子里铺上了草席，然后特蕾莎修女找了一辆手推车，就开始了她的临终关爱计划了。

只是早已习惯了死亡的加尔各答城的居民们都已经麻木了。黎明前的黑夜里，孤独死去的人随处可见。据官方的不完全统计，加尔各答每个月都有 1000 人在默默地死去，也就是说，每天就有超过 30 人在这座城市死去。于是，每天清晨清洁工人都会满大街地收集尸体，如同清理日常垃圾一样。

这种情景见多了，人的同情心也就渐渐磨灭了，即使他原本有着一颗很柔软的心。

于是，人们的争议出现了。毕竟，印度是个人口大国，人们认为最要紧的还是帮助活着的人，而为那些即将死去的人服务，只会白白浪费原本就不充裕的资源。

可是特蕾莎修女说："那些即将死去的人同样是生命，他们的生命一样尊贵，他们也有权获得相应的尊严，因为他们也是上帝的子民。每个人的生命都是尊贵的，每个人都很重要，不管他是身患疾病，还是残缺的、垂死的。"

有一回，特蕾莎修女外出工作时，看到街边的阴沟里躺着一个人，就把他救了起来。这时，她才发现，他的半个身体都已被蛆虫吃掉了，看起来非常恐怖，也非常令人难受。但她还是把他带到了救济所，给他清洗，竭尽所能地安慰他。过了不久，这个人就死去了。死之前，他说："我像个牲畜一样在街上活了一辈子，但你却让我死的时候像一个天使。"

特蕾莎修女认为，一个活得如此卑贱的穷人，死时能说出这样的话，足以证明他的内心是伟大的，他的人格是完美的。他如此不堪地活了一生，死时却没有诅咒任何人，没有说任何人的坏话，也没有责怪社会和命运。特蕾莎修女说："他就像一个纯洁的天使，这就是我们人民的伟大之所在。"

无私的爱，无畏的付出

很快，"清心之家"就睡满了从街边收来的病人。苏妮塔和摩提吉的几个妇女都跑来帮助，特蕾莎修女教给她们一些简单的护理知识。而玛丽亚·特蕾莎修女说只要她陪病人们说说话，跟他们握握手就行了。但是事实上，就连这样也并非很容易。一开始，有些修女甚至不敢进这间屋子，面对那些千疮百孔的病人，她们连微笑都不自然。

后来，特蕾莎修女拉着她们的手，把她们带到一个老人身边，当奄奄一息的老人说出真诚的感激时，她们就自然能够以微笑回报，并握住了老人的手。

有一位资深记者，偶然看到一篇有关特蕾莎修女临终关怀院的报道，凭他多年的记者经验，他觉得这是一个极具价值的采访对象。于是他迅速地从美国赶到了加尔各答的"安息之家"。

这位记者站在"安息之家"的门口，看着那些来来往往、表情一致的修女，他分不清哪个是特蕾莎修女。突然有一个义工朝着一个中年妇女喊道："甘地修女。"记者想，除了特蕾莎修女，还有谁能够被尊称为"甘地修女"呢？

于是他自信地向那个修女走去，他从容地说："我叫哈普，我是国际新闻社的记者，我能和你谈一谈吗？"

特蕾莎修女此时正在照顾一个垂危的病人，听到哈普的招呼，她双手合十，行了一个礼，然后说："我没有时间和你谈话，哈普先生。"

哈普继续说："我想报道你的工作，你的修会和印度教之间的冲突，突显了印度的矛盾。"

特蕾莎修女说："我们只帮助穷人，不谈政治。"

哈普说："我理解，可是，你不想要全世界知道你的工作吗？"

特蕾莎修女沉默了一下，转过身对哈普说："这是上帝的工作，不是我一个人的工作。请你不要浪费时间报道我，我只是耶稣的工具，行神迹的工具。你去报道那些穷人吧，他们是这世界最伟大、最可爱的人，只要你用心去观察和发现。"

说完这些，特蕾莎修女就丢下哈普，去照顾另外一个病人了。

哈普站在那里，他完全不敢看那些病人。此刻，就连这个见多识广的资深战地记者也感到万分震惊。突然，有个病人呕吐了起来，那些散发着强烈异味的呕吐物全吐在了哈普脚上。哈普下意识地挪开了脚，他惶恐地看着特蕾莎修女，完全不知所措。

突然，哈普对着特蕾莎修女大喊道："他会传染给我的。"

特蕾莎修女走过来，平静地对哈普说："不会的，你别害怕。"然后特蕾莎修女就蹲下身子，替那个呕吐者擦拭干净，还抱着他的头，帮他把头扶正了，方便他睡得更舒适。

哈普很尴尬，他回到了走廊里，他惊恐极了。特蕾莎修女走过来对他说："第一次看到这样的场面，都会非常震惊，习惯了就好了。"

哈普用力地摇头，惭愧地说："不可能，永远不可能，我做不到啊。我以为我以前见到的各种残酷战争场面已经够震撼了，没想到现在，我完全……"

特蕾莎修女安慰他说："不会的，相信我，说不定很快，你就会帮他们洗澡，给他们拿水，真的，你会的。"

晚上，哈普在加尔各答旅馆里写他的日志。他写道：

今天，在印度女神的神庙旁，我看到人类的同情心在世间最苦难的人群中透出一道光亮。当她弯腰为一位垂死的老人更换绷带擦洗伤口时，或许我看到的是圣者的容颜。

第二天一大早，哈普又来到了临终关怀院。他看到特蕾莎修女正在帮一个病人清理伤口，看到那溃烂、带着恶臭的伤口，哈普一阵恶心，他掩饰不住心中的憎恶，说："给我100万，我也不干。"特蕾莎修女微笑着说："我也不干。"当然，特蕾莎修女的意思是指她只为上帝做事。

后来，这位美国记者成了特蕾莎修女的好朋友，他一直在追踪报道特蕾莎修女，也会伸出援手帮助那些穷人，不过亲自给病人擦拭、包扎，他却一直做不到。直到他老了，最后一次来"安息之家"的时候，他才蹲下了身子，可是那时候，他已经须发皆白了。

是的，我们这些凡人，有几个能有如此大的怜悯与同情，去亲自照料那些肮脏、身患可怕疾病的苦难者呢？

第三节　接纳无家可归的孩子

特蕾莎修女常说，所有贫穷的人之中，孩子是最孤独、最无依无靠、最无助的，他们也是最需要爱与同情的弱者。

悉心关爱每一个孩子

特蕾莎修女和其他修女们满大街寻找垂危的病人的同时，还会留意有没有被丢弃的小孩。有时候，她们会一下找到两个人——一个病危的母亲抱着一个哭泣的孩子。母亲是奄奄一息了，可是孩子还很健康、鲜活啊。

弃婴的数量不断增加，临终关怀院已经容纳不下了。特蕾莎修女果断地决定成立一个正式的"儿童之家"。"儿童之家"还兼做临时的产科医院和学校，就设在临终关怀院的旁边。换句话说，"儿童之家"不仅收留弃婴，还收留流浪的儿童，并帮助他们接受教育，还收留单身的穷苦孕妇，使她们顺利地待产。

特蕾莎修女常说，所有贫穷的人之中，孩子是最孤独、最无依无靠、最无助的，他们也是最需要爱与同情的弱者。

"儿童之家"的弃婴里有很多新生儿，有不少的新生儿还是早产儿，他们通常是因为堕胎失败而出生的。苏妮塔说："我估计这些孩子的母亲曾经服药，想打掉孩子，所以这些孩子还没出生就已经中毒了。不过为了生存，这些婴儿还是挣扎着活了下来，只是孩子出生以后不足两磅重，连吮吸都困难，只能通过鼻孔向胃里注射营养素。"

可以想象，这些婴孩想要平安地活下来是多么不容易，所以，有一些孩子总因为各种原因而夭折了。而修女们又会像他们的亲生母亲一样，小心翼翼地把他们包好。

新生儿的衣服大部分是来自欧洲的捐助，不过这些热心的捐助者完全不知道，这些苦命的婴儿因为病痛等各种原因，身形极其瘦小虚弱，所以，他们捐助的衣物总是太宽大了。于是，修女们经常提醒他们，千万别把衣物做得太大。

"儿童之家"的良好声誉迅速传播开了，一些无助的父母听到后，就把自己的孩子送过来了。而特蕾莎修女对这样的孩子，从来不拒绝。

有一天，一个修女在街上碰到一个无家可归的孩子，就把孩子带回了"儿童之家"。孩子一直在喊肚子疼，修女们都以为他吃坏肚子了，就问他早上和中午都吃了什么，孩子说什么也没吃。修女们再问他昨天晚上吃什么了？孩子还是说什么也没吃。原来这个可怜的孩子几天没吃饭了，他的肚子是饿得发疼。

修女们都震惊了。后来特蕾莎修女在漫长的争取食物的岁月里，经常讲到这个孩子的故事。

所有的这些苦难感动着特蕾莎修女，也是特蕾莎修女工作的动力，使她意识到，只在加尔各答建立一个"儿童之家"还远远不够。因此，她一直记挂着这件事，所以就有了最后的国际性的儿童救助基金会。受到特蕾莎修女的影响，全世界的人和组织都积极地开始了救助儿童的活动。

日本导演千叶茂树在为特蕾莎修女拍摄纪录片的时候，曾专门拜访了一对比利时夫妇，这对比利时夫妇就曾在"儿童之家"领养了一个残疾儿童。千叶茂树亲眼看到这个皮肤黝黑的小男孩爽朗的笑脸，他曾经的忧伤完全被这个家庭融化了。这个家里的两个小女孩甚至比她们的父母更爱这个印度小男孩。

孩子的养母自豪地对千叶茂树说："这孩子来到我们家之后，从没生过病，我的两个女儿比我们还疼爱他，什么事都让着他。"

孩子的父亲微笑地说："我现在不仅有两个女儿，还有一个儿子，我觉得很幸福啊。因为儿子，我觉得印度离我们很近。而且，假如其他国家的孩子也需要，我愿意再领养一个。"

实际上，像这个小男孩一样的幸运儿还很多，他们都找到了很好的新家庭。对于每个被领养了的孩子，特蕾莎修女都会保存一份详尽的档案，里面包括孩子们的照片、简历和领养家庭的有关情况，而所有这些都被特蕾莎修女记录在相册里。特蕾莎修女对这些相册如数家珍，每次有人来参观修道院时，她都会拿出这些厚厚的相册与大家一起分享。

成立"儿童之家"

至于那些没被领养的孩子，"儿童之家"当然就是他们永远的家，修士和修女就是他们的亲人，他们一直在这里生活，直到成年。当然，

该接受教育的时候，修会还会送他们去上学，还会为他们安排工作，甚至帮助他们成家立业。于是，他们带着孩子再回来探望修女们的时候，特蕾莎修女就会开玩笑地说："你们有20个岳母或婆婆。"

有一部分孩子因为学习成绩优异，考上了大学，甚至在更高一级的学府接受教育。还有一些则留在仁爱传教会，成了一名修士或修女。

有一个小男孩，是个孤儿，他的祖母把他送到了"儿童之家"。后来，他以优异的成绩考上大学，不过毕业后，他毅然地放弃了大好的前程，选择了效仿特蕾莎修女——毕生服务于穷人。最后，他成了一个优秀的神父。

一位抚养过他的修女说："在他年幼的时候，曾多次问起他的理想。而他每次都是忽闪着他那明亮的眼睛，崇敬而又深情地看着会母，坚定地说：'我要做特蕾莎修女。'"

特蕾莎修女不但收容了无家可归的孩子们，还把这种无私的爱传递给他们，这个小男孩正是受到她的感染，成为一个乐于奉献的人。

记者马格里治为了拍摄一部特蕾莎修女的电视片，跟着修女看到了很多地方。那天，他们来到了"儿童之家"。满屋子的残障病弃婴，让马格里治感到万分惊讶，他问特蕾莎修女："大家都认为，在印度这样一个人口过剩的国家，完全没必要花那么大的气力，去保护这些很可能马上就会死去的孩子，您觉得呢？"

特蕾莎修女听完记者的话，没有马上回答，她弯腰抱起一个瘦小的女孩，然后把她举起来，骄傲地说："你看，生命就在这里！"

马格里治很感动，他不再说话了。后来，他在撰写这部电视片的解说词时，这样写道："是的，我们同样应当指着我们的世界，这个充满纷乱、冲突和苦难的世界，大声地疾呼：你看，生命就在这里！"

马格里治还写道："生命有神妙的根源，有神圣的归宿。生命不是一个什么什么的过程，它是一出戏剧，上帝就是那个伟大的导演——那个伟大的创造者，而我们每个人，包括那个瘦小的女孩，都是演员——都有份参与其中。"

今天的"儿童之家"已经发展成为一个拥有几栋高楼的非常完善的机构。入口处的门诊部是专门供穷人家的孩子来看病的。门诊部通常有3个医生值班，每周大概要接待2000多位病人。病房中的修女就是专门照顾病痛中的儿童的，修女们受过专门的医护训练，完全可以胜任医护的工作。"儿童之家"还有专门为新生儿准备的育婴室。而带有庭院的房间，则是给孩子们的，修女们经常需要照顾300多个孩子。

第四节　成立麻风病人收容所

当今世界最严重的疾病并不是肺结核和麻风病，而是被讨厌、被忽视、被遗弃的感觉。而当今世界最大的罪恶也不是别的，缺乏爱与慈善，对正在遭受痛苦、贫困、疾病伤害的人们的冷漠，才是当今世界最大的罪恶。

——特蕾莎修女

用温暖和关爱制止麻风

麻风病是一种可怕的疾病。在那个年代，得了麻风病，不管是达官贵人还是平民百姓，结局都是一样——被驱逐出家门，被社会遗弃、隔绝，大部分是在荒无人烟的山洞或野外静静地等待死神的降临。

麻风病就是一个可怕的噩梦，它给人们带来的恐怖，简直无法用语言形容。民间还给麻风病取了这样一个名字——"蜡烛病"，意思就是，得了这个病的人，身体会像蜡烛一样一点点地融化，一点点地溃烂，直到死去。它的恐怖与可怕使得有麻风病的国家和地区的人们闻风丧胆。

随着当今社会的发展与进步，人们可能不会再害怕麻风，因为麻风得到了很好的控制。可是在 20 世纪中期的印度，麻风病依然很猖獗，且人们对它无计可施。

印度人口稠密，贫民区很多，而贫民区的人口更是异常稠密，人们的生活条件与卫生设施也非常差，因为那里没有下水道，也没有厕所。夏季一到，不仅带来了持续的高温，还经常下着倾盆大雨。雨水将垃圾和粪便等脏物统统冲进了贫民简陋的屋子里，这对原本就非常恶劣的生存环境来说无疑是雪上加霜。于是结核病、麻风病等传染性疾病如同魔鬼一样肆虐着这片贫困的地区。据当时统计，整个印度大概有 500 万麻风病患者，而加尔各答就占了 8 万。

印度的等级制度非常森严，可是面对这个可怕的疾病，人们的态度竟然表现出惊人的一致。无论是受过良好教育的富人，还是一无所有的穷人，一旦患有麻风病，立马就会被当作垃圾丢弃，成了一个卑贱的不可触摸者。他们被迫流浪在荒郊野外，与世隔绝，病痛的折磨和强烈的孤独与痛苦使得他们的精神更接近崩溃，每天都有成千上万的患者发疯或自杀。

而这时的仁爱传教修女会的工作已经初具规模了，并且呈现的是一片欣欣向荣的趋势。临终关怀院和"儿童之家"的运转也步入了正轨。

就在特蕾莎修女打算把她的关爱投向麻风病人的时候，有 5 个麻风病人自己上门来求助了。

那天清晨，这 5 个可怜的人包裹得严严实实地站在了修会的门口，他们几近哀求地对特蕾莎修女说："我们没有工作，没有家，我们不知道去哪里，我们……"

特蕾莎修女知道他们的痛楚，立马说："是的，你们应该来这里，这里就是你们的家。"

为了更好地照顾这些或更多的麻风病人，特蕾莎修女打算成立一个麻风病收容所。这个决定立马遭到市民们的反对，一些修会的修女也觉得不妥，因为修女们的工作已经够繁重了，再去照顾成群的麻风病人，她们根本就忙不过来。

特蕾莎修女只好放弃了这个计划，不过她还是用捐款买了一辆医疗车，用这辆车开设了一个流动诊所，以便专门去帮助那些麻风病患者，并给他们受伤的心灵带去慰藉。与此同时，她还把一些修女送去了巴特那医院，让她们去接受有关麻风病治疗与护理方面的知识。

一名印度资深医生慕名前来，他是一个麻风病专家，他对特蕾莎修女说："我来教你们如何照顾那些病人，我们现在有了新的医术和新药，只要病人得到了及时的治疗，就能有效地控制这种疾病。"

可是事情往往不会那么简单，很多病人根本就没有得到及时的治疗。他们由于面容的改变，身体的丑陋，根本没法光明正大地生活。而且人们对他们毫不掩饰的厌恶与排斥使得他们为了逃避而躲藏在没人知道的地方。假如被警察碰到了，结果往往会更惨，轻则被驱逐，重则被投进集中营。

为了帮助更多的麻风病患者，特蕾莎修女和修女们差不多把加尔各答的各个可能藏匿的角落搜了个遍。很多时候，特蕾莎修女和修女们看到的是遍体鳞伤、伤口溃烂发出恶臭的病人，成群的苍蝇飞来叮食他们，甚至他们的伤口处生出了蛆虫。关键是，他们被亲人和社会所抛弃，连起码的关心和安慰都得不到，最后他们只能自暴自弃，生不如死。

特蕾莎修女发现，改变中世纪以来人们对麻风病的可怕成见，并改变整个社会对麻风病患者的排斥态度才是问题的根本。一定要让人们明白，麻风病只是一种疾病，是任何疾病中的一种，根本不是什么上天的诅咒或报应。

于是，流动诊所除了为麻风病患者做露天治疗，还加上了关于麻风病防治的宣传。特蕾莎修女还亲自参与到工作中来，她和修女们一起为病人清洗包扎，并安慰和鼓励那些患病的人们。她说："你们必须首先改变自己的态度，那样，别人才会改变对你们的态度。"而对修女们，特蕾莎修女还是那些叮嘱，最重要的是让穷人们感受到爱。

后来，特蕾莎修女还成立了一个麻风病基金会，规定了一个麻风病日。规定那天，修女们得去街上宣传知识，收受募捐，她们得不厌其烦地请求路人们给予麻风病患者深切的同情。

很多本性善良的人们都被她们的行为和语言所深深打动，他们纷纷伸出了援助之手。最重要的是，人们对待麻风病的观念和态度发生了很大的转变，并逐渐意识到，麻风病只是身体的疾病，绝非心灵的痼疾。

1957 年年底，印度政府终于同意特蕾莎修女在加尔各答的郊外建立一所麻风病收容所。

收容所正式为病人服务的第一天，特蕾莎修女专门赶来问候病人，亲切地抚摸他们溃烂的身体和脸庞，她要告诉他们，无论他们的外貌变成什么样子，上帝依然爱他们，上帝绝对不会抛弃他们，所以请他们不要抛弃自己。

病人们都感动得哭了，年轻的修女们也被震撼了。

让特蕾莎修女觉得欣慰的是，有一个重获新生的病人自信地说："我们有麻风病，不过这只是身体上的，不是心灵上的。"

不要让内心冷漠

其实，身体的麻风根本不可怕，可怕的是人们心里的麻风。心里有麻风的人就是一个冷漠的人，而这才是最可怕的疾病。一个心灵冷漠的人，只能让身边的人觉得寒冷，感受不到爱与尊重，而这种冷漠也会传染。所以特蕾莎修女常说："绝对不要让任何人，特别是你身边的人，感到孤单、被抛弃和不爱，这是所有疾病中最严重的疾病。"

其实，特蕾莎修女一生的仁爱工作就是在治疗这个可怕的痼疾。

1961 年，印度政府终于同意拨给特蕾莎修女一块成立康复中心的土地。这是一块荒地，紧挨着一段铁路的路基，大约 34 亩。

很快，一间间小屋在这块偏僻的荒地之上拔地而起。只是这些小屋都很简陋,都是用一些废品搭建起来的,如麻布袋、竹竿、铁皮、瓦片等。

于是,沿着铁路线,这些小屋越来越多,简直成了一个五颜六色的部落。据统计,每个月大概有 1400 多个病人在这里得到了护理与治疗。很快,这个麻风病"部落"就发展成了一个大的康复社区,里面有医院、工场、学校、水池、菜园,还有养鸡场,俨然成了一个生机勃勃的小农庄。没多久,小农庄中央还矗立起了一尊甘地的塑像。

特蕾莎修女完全了解病人的感受,所以,她对所有的人都关爱有加,甚至无微不至。特蕾莎修女说:"我不会只看众人,恰恰相反,我只照顾个体的人。"

在特蕾莎修女仁慈的内心深处,这里的每个人都很重要,都值得她付出全部的爱。如果病人需要安慰,她可以一直抱着他,直到他平静为止。

一开始,病人们怨恨的心理使他们说出一些伤人的话,不过特蕾莎修女不会放在心上,她完全理解这些病人,理解他们的痛楚。

> 曾经有一个病人,全身溃烂,简直惨不忍睹。特蕾莎修女精心地照料他,可是他却带着讽刺的语气对特蕾莎修女说:"我都这样,你还会照顾我,你是不是看我这样很开心啊?"特蕾莎修女温和地对他说:"跟你所受的苦痛比起来,我做的都是些微不足道的事。"
>
> 之后,特蕾莎修女依旧很悉心地照顾他。过了一段时间以后,这个病人终于被特蕾莎修女的仁爱感动了。他对特蕾莎修女高喊道:"愿您受光荣。"特蕾莎修女反而微笑着对他说:"受光荣的应该是你,因为你与耶稣同受苦难。"

特蕾莎修女以如此瘦小的身躯唤起了社会各阶层不同人的一种全新的觉悟。我们很难完全地参透这是为什么,为什么特蕾莎修女具有如此神奇而又巨大的能量?我们只知道:她在为苦难的穷人服务,并且参与其中,她毕生都过着一种深度的同情生活。最最重要的是,她不是凭借一种超现实的神秘经验,而是爱每一个在她身边出现的人。

第五节　用爱连接整个世界

特蕾莎修女那自由的灵魂超越所有种族、宗教、主义信条和国家的屏障，在充满了战争和仇恨的苦难世界，她所做的一切为全人类的未来带来了新的希望。

播撒爱，传播爱

1964 年，特蕾莎修女成立了一个全名叫"特蕾莎修女国际合作会"的组织，这个组织的足迹遍及世界各地，用无私的爱连接了整个世界。世界各地的孩子们受到特蕾莎修女的影响，都奉献了自己的故事。

在西班牙：在西班牙的各种学校里，学生们每天节省一部分或全部的零用钱，然后集中起来寄往印度。这种节省零用钱的捐助行动甚至成了西班牙中小学生们的一种习惯。

在日本：有一位日本的同工在读了有关印度儿童的报道后，对他的两个孩子说："尽管我们不是很富裕，而且受通货膨胀和能源危机的影响，家里比以前更拮据了。但至少我们还能拥有丰盛的一日三餐。报道里说，世界上所有的人都是兄弟，那我们完全可以把面包分给比我们更穷的兄弟。"

在法国：一些法国的孩子捐助的目标非常明确，他们要把节省下来的零花钱用来贴补特蕾莎修女的旅行费用。他们认为，特蕾莎修女经常在世界各地奔波，而且旅程也越来越远，势必需要很多钱。尽管世界各大航空公司踊跃地赠送机票给特蕾莎修女，大大地缩减了特蕾莎修女的旅行经费，但这些法国孩子的义举仍旧在进行。

在丹麦：丹麦有一个专门的儿童协助会，负责日常工作的联络员说："10年来，我们在不停地把包装好的奶粉箱和维生素丸送往了印度。我们每个月都要送320箱奶粉和20万粒维生素丸。这些东西都是丹麦各个学校的学生们主动捐赠的。"

在加拿大：加拿大的中学生们创办了一个叫"吨计戒食会"的组织，他们规定自己在不同的日子里强迫戒食24小时，以体验印度穷苦孩子忍受饥饿的痛苦，再用禁食节省下来的钱定期购买一吨食品运往印度。这种虔敬的做法使特蕾莎修女深受感动。

在巴西：一个15岁的男孩偶然间读到了一本写特蕾莎修女的书，于是决定效仿这位圣者，把自己奉献出来。因为身体发肤受之父母，他还无权把这一切都献出去，所以，他决定每年献出他一个月的所得。他说："特蕾莎修女的穷人比我更需要钱。"

在奥地利：有一群奥地利的初中生在知道特蕾莎修女的故事后，给特蕾莎修女写了这样的一封信：

可爱的特蕾莎修女：几天前，有人在课堂上谈起了您，并给我们放映了关于您的幻灯片。于是我们了解了加尔各答人民的穷困以及你对他们所做的一切善举。你告诉我们：富裕并不能使人获得真正的幸福，爱上帝，爱耶稣——爱人，才能得到真正的幸福。你给我们树立了榜样，我们愿意效仿你并支援你。我们愿意在我们周围施予上帝的爱，使别人认识上帝并爱上帝。我们送上小小的礼物，并借此向你证明：我们是那么的敬仰你。我们为你和你的协助会会员祈求服务人群的力量和更多的耐心与喜悦。我们在祈祷中纪念你，同时祈求上帝施予你更多的祝福。

在美国：有一个美国的小孩子歪歪斜斜地写了几个大大的字给特蕾莎修女，信中说："特蕾莎修女，我非常爱你，我把零用钱捐给你。"信封里还装有一张3块钱的支票。特蕾莎修女说："一看他的字，就能知道他有多小。"

在英国：伦敦有一个小女孩，提了满满一袋子的一分钱硬币，来到仁爱传教会的门前。她对修女说："这些给穷人。"她并没有说这些给修女，而是说，这些给穷人，可见孩子的爱心是多么清澈啊。

20世纪80年代初期，西方媒体披露了一份惊人的统计资料：印度有6亿居民，只有2.47亿人生活在贫穷的水准以上，其中只有1000万人口能够汲取到足够的营养。几乎大多数的印度儿童无法逃脱的宿命就是死于饥饿。而每年死于营养不良的儿童就高达50万之多，大约有60%的印度儿童成长缓慢，或者发育不良。

于是，从20世纪80年代开始，西方的很多学校都兴起了一种有规律的捐款活动，并按季节把所捐款项寄往印度。很多学校都参与了这项活动：英国有96所，法国有120所，奥地利有10所，比利时有13所，丹麦有110所，西班牙有14所，美国有250所，加拿大有70所，荷兰有95所，印度有14所，爱尔兰有250所，卢森堡有9所，意大利有10所。

孩子们天性纯洁，光明清澈，他们的本性还没有被这个世界的尘埃所污染。因此他们完全理解特蕾莎修女和她的修女们为穷人所做的一切有多么美好。他们的善良和慷慨更使得支持特蕾莎修女事业的捐赠达到了顶峰。

现在，不少仁爱传教修女会会所的建筑上都刻写着这样的字：丹麦儿童捐助、美国儿童捐助、西德儿童捐助等。

释放爱，奉献爱

印度教有一句话说："假如你有两个面包，那么，把其中一个送给穷人，再把另一个卖掉，然后去买几朵风信子，也让你的心灵饱餐一顿。"

仁爱传教修女会的顾问——神父乔利说："特蕾莎修女有一股要为全世界服务奉献的热望，从她的身上可以找到圣保罗的影子：圣保罗就像这样地四处奔波……渴望前往世界各地传播基督的福音。"

1971 年时，特蕾莎修女年届 61，这是大多人想要退休或放慢脚步的年纪。不过特蕾莎修女的工作行程仍然十分紧凑，她还前往饱受战火摧残的孟加拉共和国。孟加拉由于政治纷争而涌现的大批难民，使全国到处呈现残破悲惨的景象。村落之间彼此争斗不息，再加上食物的短缺，使数千人在饥饿中挣扎。更让人悲痛的是，已有 20 多万名妇女遭到进驻境内的军队强暴。而依当地习俗规定，这些遭强暴者应被逐出家门或遗弃，因此在极度绝望之下，许多受害妇女只得选择自杀来寻求解脱。

对孟加拉共和国所陷入的危机，特蕾莎修女和仁爱传教修女会也做出了回应，成为国际第一个进入这个受灾国的援救者与守护者。她和修女们立即展开工作，忙于埋葬死者、看护伤患、安慰他人，将许多少女藏匿起来，免得她们被境内的士兵掳掠。特蕾莎修女着手为弃婴们安排海外领养事宜，有好几个欧洲国家的人民都乐意伸出援手。她希望这些善举能有助于消除逐渐席卷整个孟加拉的仇恨循环。及至后来，仁爱传教修女会在孟加拉共增设了 4 个分会，再一次证明了她们是如何用爱心去实地从事艰苦工作的。

当时印度总统吉里这样赞扬特蕾莎修女："自由的灵魂，超越所有种族、宗教、主义信条和国家的屏障，在充满了战争和仇恨的苦难世界，特蕾莎修女的存在和她所做的一切为全人类的未来带来了新的希望。"

特蕾莎修女遍及世界的爱让世人的目光开始转向她身上。她并不喜欢出名，但是她不拒绝任何出席会议或接受赠奖的机会，因为她可以借机告诉世人关于仁爱传教修女会的一切以及修女会所从事的工作。虽然她心地单纯，但并不至于天真到不清楚传播媒体的注意将会给她的工作带来什么样的影响力。她希望借着报道穷人的善良及照顾穷人的必要，透过媒体，尽可能地帮助更多的人。

第六节　死亡是生命的延续

任何宗教都有永生和来生。只有那些相信死亡就是终点的人，才会害怕死亡。死亡是起点，而不是终点——是生命的延续，是一种永恒的生命。

——特蕾莎修女

不要畏惧死亡

1996年8月，10天之内，特蕾莎修女的心脏病发作了3次，甚至有一次心脏已经停搏，医生使用了电休克，才勉强挽回了她的生命。没过多久，特蕾莎修女又染上了肺炎、天花、脑血栓、慢性肾病，每天必须接受3次人工输氧。直到这年年底，她的健康状况才稍微好转一些。

虽然病情这么严重，但特蕾莎修女却一直拒绝配合医生的治疗，她甚至表现得有些任性和固执。只要她还能坚持，她总是禁止修女们请医生。有时候，修女们偷偷地请来了医生为她治疗，可医生一出门，她就马上撕碎药方或者快速地把药方塞到床垫下面，随后就仿佛什么也没发生过一样地继续去工作，好像这样她的病情就能减轻。她身边的一个修女说："医生要她按时吃药，可她基本置若罔闻，她宁可把这种痛楚献给主。医生要她不要工作，注意休息，她也就当耳边风。甚至在不得不接受治疗的时候，只要她一清醒过来，她就立刻要求停止昂贵的检查和治疗，她说，'请让我像我服侍的人一样，平静地死去吧。'"

特蕾莎修女对待病和死亡的态度让很多人觉得不可思议。有人好奇地问她:"你真的很向往那种不可知的存在吗?"特蕾莎修女居然微笑地回答道:"当然啦,那样,我就可以回家了。"而她棕色的眼睛里也会闪耀出一种幸福神往的光芒。特蕾莎修女认为,死亡是起点,而不是终点——是生命的延续,是一种永恒的生命。而永恒的生命意味着:灵魂走向上帝,和上帝在一起,可以看见上帝,可以和上帝说话,并且能够以更大的爱继续爱他。因为死亡带走的只是我们的肉体,而我们的灵魂将永远存在。最后特蕾莎修女还说:"任何宗教都有永生和来生。只有那些相信死亡就是终点的人,才会害怕死亡。"但丁在《神曲·天堂篇》里就描述了这样一些永恒的生命。这些幸福的灵魂沐浴在上帝的真爱之光里,于是自己也化成了一片美丽的光芒。

1997 年 9 月 5 日 21 点 30 分,这位深爱穷人也被穷人所挚爱的伟大修女由于心脏衰竭在加尔各答仁爱传教修女会总部安然地与世长辞。

毫无疑问的是,在那一瞬间,这个被赐福的伟大灵魂便已抵达天国,从此永享神光。这正是每个修女都深刻地了解的一点,也是她们所坚信并向往的,于是仁爱会在第二天发表的布告上写道:"敬爱的母亲蒙主宠召回归天国。"然而大家还是哭了,所有人都哭了,不仅是悲恸与不舍,有人甚至声称,她把这个世界仅有的一丝光明带走了。

这一天,加尔各答的夜幕下大雨滂沱,纵横的大雨就像加尔各答人民的眼泪,使这个城市陷入了巨大的哀伤。特蕾莎修女辞世的消息当时就被传开了,几乎所有的加尔各答人民立即冒着大雨涌向了仁爱传教会总部,不只是天主教徒,更多的是回教徒、印度教徒和信仰其他宗教的人。人们在雨中号啕大哭,就像突然失去慈母的孤儿一样。大雨犹如人们的眼泪,一刻也没有停止,也没有一个人离去。大家久久地站在雨中等待,他们只是为了最后向特蕾莎修女献上一束花,或是最后再看她一眼,最后摸一摸她裸露了一生的光脚板,或者最后跟她说几句话,尽管她再也听不见了。

有一位加尔各答市民对记者说:"恐怕这个世界上,也只有特蕾莎修女才是真正爱穷人的,但现在她离我们而去了,我觉得天都塌了,而我就像个孤儿一般。"

第二天，也就是 9 月 6 日，印度各大媒体纷纷报道了特蕾莎修女逝世的消息，印度全境立即笼罩在一片哀伤之中。接着世界各大媒体，包括中国的媒体也竞相报道了这一重大的消息。各大报纸纷纷在重点版面介绍了特蕾莎修女的嘉言懿行，赞美她毫不利己为穷人奉献的一生。或许我们很多人不是在特蕾莎修女的生前，而是在这个时候才真正了解了特蕾莎修女。

就在这一天，印度内阁召开紧急会议，宣布印度进入国殇期，并下令全国降半旗致哀两天，政府机构一律停止办公，同时宣布 9 月 13 日举行国葬。

9 月 7 日，特蕾莎修女的灵柩由仁爱传教修女会总部转移到圣多默教堂以便接受公众的瞻仰，这是一座位于市中心、已有 155 年历史的教堂。教堂里摆满了象征高贵、纯洁和虔诚的白莲花花圈，尼尔玛拉修女噙着眼泪点燃了一支高达 2 米的蜡烛，然后把它稳稳地放在灵柩旁。

整整 7 天，向遗体告别的活动始终没有停止。短短的 7 天时间，前往圣多默教堂吊唁特蕾莎修女的人就多达 100 多万。其中不乏政界翘楚、商界巨子和各界名流，但更多的还是有着不同信仰的平民百姓——其中有印度教徒、天主教徒、伊斯兰教徒、基督教徒、佛教徒。尽管各自的宗教信仰不同，但就在这一刻，每个人都摒除了彼此间的差异，怀着同样的敬仰以及同样的悲伤和牵挂来到了特蕾莎修女的灵柩前。假如特蕾莎修女可以看到这一切，她一定会深感安慰的。

精神延续，生命不朽

就在这难忘的几天时间里，仁爱传教修女会的 200 多名修女日夜守护在特蕾莎修女身旁，她们一直歌唱着特蕾莎修女生前最喜爱的圣歌。歌唱代替了眼泪。当然，在这个时候哭泣是不适宜的。眼泪只能说明你只想到了自己的失去，而没有意识到特蕾莎修女已经抵达那个她渴望的终点，她已经抵达天国，真正和上帝在一起了。

分布在世界各地的 600 多个仁爱传教会的分会里，也挤满了前来哀悼的人们。同时，全世界各地的其他教堂也都在为特蕾莎修女献上了追思弥撒，几乎所有国家的首脑和政要都发来唁电，用不同的语言表达了他们对这个仁爱天使一致的哀悼和崇敬。其中就包括联合国秘书长安南、美国前总统里根夫妇、克林顿夫妇、法国总统希拉克、英国首相布莱尔、柬埔寨国王诺罗敦·西哈努克等。

美国当时的总统克林顿说："她领导我们，透过服侍，向我们展示了单纯谦卑的惊人力量，她那不屈不挠的信念，改变了无数人的一生。她的病逝，无疑使世界失去了一个圣人。"

法国总统希拉克说："她留给我们一个铿锵有力的声音，那就是，互相帮助，彼此聆听，齐心协力。这个声音没有国界划分，它是超越宗教信仰的。她的去世让世界少了一份爱，少了一份热情，也少了一丝光明。"

德国前总理罗曼·赫尔佐克说："就我们所有人而言，不管是这里的，或是世界上任何地方的人，特蕾莎修女都是希望的源泉，她的一生证明了个人的努力可以产生怎样的效果。"

这位全世界公认的穷人之母，为所有人——不管是信徒还是非信徒，树立了一个强有力的榜样，让我们见证了上帝的爱。她接纳了这个爱，然后把她的一生转化成一个礼物奉献给人类。她的经验让我们明白：只要有爱，就算在最艰难、最困苦的时刻，人生依然是有价值的。在我们将这位虔敬修女的灵魂交付给上帝的同时，我们请求圣贞女玛丽亚扶助和安慰她的修女们，还有世上所有认识她、挚爱她的人。

特蕾莎修女超越姓氏、种族的博爱不是一个凡夫俗子所能做到的，因为她是在神祇的引领下，才能够这样从容自信地为世界所有卑微的穷苦人全心全意奉献了半个世纪。特蕾莎修女 36 岁走出修道院，到最穷苦的地方为穷人服务，至 87 岁去世时计 51 年！

特蕾莎修女的一生让我们反省人生的价值所在和成功的另一种定义。我们已经跨入新世纪的门槛，我们能对这一个千年才遇到的世纪寄予什么希望吗？或者可以说，我们能通过我们的努力创造什么希望吗？在这个仍然为宗教、种族问题而冲突，甚至流血的世界里，特蕾莎修女无疑为人类的容忍与关爱精神树立了光辉的榜样。